寿险核保核赔案例解析
——互联网篇

———· 童纯江　主编 ·———

国华人寿保险股份有限公司　总精算师

中华工商联合出版社

图书在版编目（CIP）数据

寿险核保核赔案例解析. 互联网篇 / 童纯江主编
. --北京：中华工商联合出版社，2020.12
ISBN 978-7-5158-2919-7

Ⅰ. ①寿… Ⅱ. ①童… Ⅲ. ①人寿保险－理赔－案例
－中国 Ⅳ. ①F842.62

中国版本图书馆 CIP 数据核字（2020）第 223813 号

寿险核保核赔案例解析——互联网篇

主　　编：	童纯江
出品人：	李　梁
责任编辑：	林　立
封面设计：	周　源
责任审读：	于建廷
责任印制：	迈致红
出版发行：	中华工商联合出版社有限责任公司
印　　刷：	北京毅峰迅捷印刷有限公司
版　　次：	2021 年 1 月第 1 版
印　　次：	2021 年 1 月第 2 次印刷
开　　本：	710mm×1000mm　1/16
字　　数：	150 千字
印　　张：	13.5
书　　号：	ISBN 978-7-5158-2919-7
定　　价：	58.00 元

服务热线：010－58301130－0（前台）
销售热线：010－58301132（发行部）
　　　　　010－58302977（网络部）
　　　　　010－58302837（馆配部、新媒体部）
　　　　　010－58302813（团购部）
地址邮编：北京市西城区西环广场 A 座
　　　　　19－20 层，100044
http://www.chgslcbs.cn
投稿热线：010－58302907（总编室）
投稿邮箱：1621239583@qq.com

编委会名单

序 （一）

随着"保险业姓保"的监管导向不断落实，我国保险业正处在发展的黄金时期，其中互联网保险业务的崛起，极大地推动着保险行业的转型发展。国华人寿作为互联网保险领域的深度参与者，在互联网保险业务的经营中紧紧围绕"精益、价值、专业"持续提升公司价值、工作专业性以及精细化管理，加强合规经营和全面风险管理，加速推动公司向更加成熟的寿险企业迈进的征程。

国华人寿深度参与互联网保险的过程，伴随着公司在互联网保险领域的诸多探索和能力的提升，伴随着不断将专业探索积累的经验和成果赋能于公司其他模块业务的快速和高质量发展。核保核赔作为保险公司对工作专业性有较高要求的部门，这种深耕专业的探索更具价值。基于这种指导思想，国华人寿的两核团队形成了在实践中坚持定期整理归纳、深入研究分析两核案例的传统，并在2016年出版了《寿险核保核赔实例解析》与读者见面。

五年弹指一挥间，回顾这五年，恰是中国保险业互联网化浪潮汹涌和保险科技蓬勃发展的五年，也是国华人寿快速成长的五年。面对行业互联网化的潮流与机遇，国华人寿两核团队立足专业，与时俱进探索两核在互联网保险这个新业务环境、新行业形势下的定位与价值，不断积累互联网保险的两核经验。此次我们选取部分典型的互联网保险案例作为分析对象，以此归纳出一些成功或对未来具有启示意义的观点和做法，以使广大的互联网保险参与者能有所收益，这是我们推出《寿险核保核赔案例解析——互联网篇》的初衷，也是我们在行业保障化转型过程中的思想自觉、责任自觉、行动自觉。

1

本书以推进两核工作反哺互联网保险业务为出发点，通过实例展现如何让互联网保险的客户体验更好、风险管理更有效，使主旨始终聚焦于促进互联网保险业务的健康发展。希望本书能给大家带来有益的思考与启迪，更好的立足当下，展望互联网保险发展的未来，谢谢！

国华人寿保险股份有限公司　总裁

二零二零年　夏

序 （二）

2020年伊始，新冠肺炎疫情在全国范围蔓延，对各个行业都带来了或多或少的影响。从保险行业角度看，疫情短期对保险行业产生的冲击显而易见。但从长远看，此次疫情将加速险企线上渠道的完善，促进线上线下业务的结构性调整，保险机构构建线上线下融合生态的机遇也将开启，为行业的长期发展提供新的契机。

在此之前，国内保险业的转型发展及互联网化已呈欣欣向荣之势，不过受制于保险公司本身的推动意愿以及用户主动了解新事物天然存在的惰性心理，发展的速度和质量并不尽如人意。但此次疫情近乎以"强制性"的方式进行了保险线上化的市场教育，相信许多用户第一次体验到在线投保、在线续保、在线理赔等服务带来的便利，很多用户习惯也从此发生转变。

面对行业转型发展的机遇，线上互联网业务必将蓬勃发展，也必然会对保险公司的核保核赔提出更高的要求，相较于传统的线下业务，线上互联网业务的核保核赔有其自身的特点，但行业在线上互联网两核方面的经验少之又少，相关的学术文献、参考书籍、培训教材也异常匮乏，行业面临着线上业务快速发展与线上两核专业经验积累不匹配的局面。国华人寿通过对近年互联网保险典型核保、核赔案例进行的深入探讨和细致分析，此时推出《寿险核保核赔案例解析——互联网篇》一书，不仅填补了行业在互联网保险两核研究方面的空白，也无疑为行业提供了宝贵的互联网保险两核参考资料，使广大读者得以管窥互联网保险核保核赔全貌，相信读者能通过阅读此书对互联网保险有更深刻的理解。

作为国华人寿业务发展中联系紧密的合作伙伴，通用再保险见证了国华人寿互联网保险业务的飞速发展和成就，希望国华人寿两核团队持续坚持定期整理、深入研究两核案例的传统，在理论与实务中不断探索，为行业发展提供源源不断的专业成果。衷心祝愿国华人寿蓬勃发展，日胜一日！

通用再保险公司　区域总经理

二零二零年　七月

目　录

第一部分　核赔案例解析

第一部分　核赔案例解析

第一章　重大疾病理赔

　　重大疾病保险核赔主要指保险公司的审核人员根据被保险人投保时的健康告知情况、条款内容综合判定是否符合重大疾病保险金的给付条件的审核过程。

　　重大疾病保险的诞生来源于南非著名外科医生巴纳德博士的倡议，一次他为一位 34 岁离婚带两个孩子的母亲成功切除了肺癌肿块，并自信地认为由于手术的成功病人可以恢复得很好。但是两年后，孩子的母亲肺癌复发了。原来由于孩子需要人照料，她需要拼命工作赚钱养家，最终复发三个月后身故。这件事深深触痛了巴纳德博士，作为医生可以救人，甚至可以延长病人的生命，可却无法解决病患因缺钱而放弃治疗的难题。1983 年在巴纳德医生的倡议下，第一份重大疾病保险单诞生了，当时条款仅包含四五种重大疾病，且与寿险是捆绑销售的，保额低于寿险，但依然在南非获得了巨大成功。

　　随后英国、澳洲、美国、加拿大、新加坡、马来西亚等世界各国纷纷效仿，重大疾病保险得到了迅速发展。1995 年，重大疾病保险进入我国内地，各家保险公司纷纷推出保险产品。2007 年，中国保险行业协会联合中国医师协会发布了《重大疾病保险的疾病定义使用规范》(以下简称《规范》)，目的在于规范此前在内地发展 10 多年的重大疾病保险市场产生的数十种重大疾病，并要求自 2007 年 8 月 1 日之后销售的重大疾病产品必须包含《规范》中的 25 种重大疾病，并使用《规范》中的统一定义。

　　得益于智能手机的普及，自 2012 年互联网保险保费收入逐年上升。相对于传统保险的销售方式，互联网销售保险节约了雇佣、培训业务员的成本，入门门槛较低，中小保险公司得以借助互联网渠道与传统保险业巨头进行竞争。目前几乎全部的保险公司、甚至一些互联网流量巨头都参与到保险的互联网销售中来，竞争激烈程度可想而知。承保健康要求越来越宽松、承保的疾病范围越来越大，亚健康人群在已承保人群中的比例越来越高。互联网重大疾病保险的理赔工作已经不单纯局限于审核病历、下发调查做出理赔结论，还需要围绕企业的经营风险，从核保角度为销售前端提出具有借鉴意义的防控风险的建议，如对疾病条款标准的修订、对保障金额上限的修整、对健康告知内容的补充等。

以下是实际参与互联网重大疾病保险的理赔工作时遇到的案例，我们通过尽量还原每个保险事故从报案开始到最终理赔终结的各个细节，介绍基本的理赔流程、案件审核思路、疾病基础知识、风险防控建议等。

多囊卵巢综合征及脑垂体瘤理赔案例

投保信息

年龄：25 岁　　　　性别：女　　　　职业：一般内勤

投保途径：线上投保　　　　　投保时间：2018 年 1 月

投保险种：重大疾病保险　　　　保险期限：1 年

保额：重疾基本保额 100 万元，重疾轻症保额 20 万元

案情简述

被保险人，25 周岁，女，2018 年 1 月通过线上投保重大疾病保险产品，重疾基本保额 100 万元，重疾轻症保额 20 万元。2018 年 6 月 4 日至 26 日，被保险人在北京丰台区某医院住院，6 月 8 日行开颅手术，确诊脑垂体瘤。

2018 年 8 月 1 日，被保险人向保险公司提交资料申请理赔。

理赔过程

1. 理赔分析

申请资料记载，被保人在 2018 年 6 月 4 日入院，一个半月前无明显原

因出现双眼视物模糊，以右眼为重，无停经泌乳，无肢端肥大，未给予重视。近一个月患者出现间断性头痛，未来月经，就诊于当地医院，头部MR提示鞍区占位，为进一步治疗就诊于我院门诊，头部MR提示鞍区占位性病变，垂体瘤可能性大。今日门诊以"垂体瘤"收入病房，二便正常，体重近2个月增加5千克。

通过对发病症状的分析，被保人首发症状为双眼视物模糊，后出现间断性头痛，曾在当地医院就诊过做了头颅核磁共振检查，本次提供的申请材料并未见该就诊资料。查阅《内科学》材料得知，被保人症状主要表现为垂体瘤生长后对周围组织的压迫，主要涉及向前上方和上方的压迫症状。结合被保人手术记录，肿瘤直径达2cm，其有很大可能存在投保前症状而就诊。

结合申请资料以及发病症状，调查人员随即制定了如下调查方向：

(1)调阅相关医院相关就诊记录，核实病史真实性，调取最终病理报告；

(2)走访被保险人(生活轨迹，体检情况、既往身体情况，投保经过，诊疗情况，核实职业等)，索取首诊的门诊材料、体检材料；

(3)了解被保险人财务情况；

(4)排查社保，体检机构，居住地附近社区医院等核实被保险人既往治疗史(刚过等待期就出险)；

(5)排查同业投保及理赔记录(重点排查以线上投保为主要渠道的同业)；

(6)走访单位了解体检，身体健康，出勤等情况。

2．调查过程

(1)就医行为排查

走访被保险人本人了解到，因头痛4～5天，于2018年4月14日去房山第一医院做核磁检查，结果疑似垂体瘤。4月18日至丰台区某医院行CT及核磁，确诊垂体瘤。后住院行手术治疗。同时，被保险人提供了其2016年和2017年的体检资料，主要记载被保人肥胖、乳腺增生、双眼屈光不正、心电图偶有异常(但可发生于正常人)。其一直居住在北京市房山区，家庭年收入 20 万元。

走访北京丰台区某医院(客户就诊医院)，发现最早在该院的门诊就诊记录为 4 月 18 日，病案室保存资料与客户提供的一致。走访排查房山区某医院，查到缴费记录日期为 4 月 14 日。考虑到被保人所述居住地在房山区，工作地经查在海淀区，围绕两区的综合性医院适当扩大排查，但未发现被保人就诊记录。

走访北京医保，发现客户投保前有大量的报销记录，深入排查北京海淀区某医院，被保人在该院投保前多次治疗多囊卵巢综合征。

就诊时间	主要诊断	就诊医院
2016 年 11 月 12 日	支气管炎｜咳嗽｜痰热郁肺｜咽喉肿痛｜热毒内蕴证	海淀区某医院
2016 年 11 月 13 日	多囊卵巢综合征[Stein-Leventhal 综合征]｜肝郁脾虚	
2016 年 11 月 19 日	多囊卵巢综合征[Stein-Leventhal 综合征]｜肝郁脾虚	
2016 年 11 月 26 日	多囊卵巢综合征[Stein-Leventhal 综合征]｜肝郁脾虚	
2016 年 12 月 3 日	肝郁脾虚疢凝｜月经后期	
2016 年 12 月 10 日	多囊卵巢综合征[Stein-Leventhal 综合征]｜肝郁脾虚	
2017 年 3 月 11 日	慢性牙周炎｜牙本质龋｜月经紊乱｜肾虚痰郁互结	
2017 年 3 月 18 日	月经紊乱｜肾虚痰郁互结	
2017 年 3 月 25 日	月经紊乱｜肾虚痰郁互结	
2017 年 4 月 8 日	月经紊乱｜肾虚痰郁互结｜多囊卵巢综合征	
2016 年 11 月 20 日	月经病类｜阴道炎｜足癣	房山区某医院
2016 年 11 月 26 日	多囊卵巢综合征[Stein-Leventhal 综合征]	
2018 年 5 月 10 日	子宫颈炎	房山区某医院
2018 年 6 月 26 日	垂体瘤(鞍区)	
2018 年 7 月 4 日	垂体前叶功能减退	
2018 年 7 月 18 日	颅内占位性病变｜视神经损伤｜垂体瘤｜垂体功能低下｜垂体瘤术后	
2018 年 7 月 4 日	视野缺损｜视神经损伤(血瘀)｜水肿(组织水肿)｜垂体瘤	玄武区某医院
2018 年 7 月 18 日	视神经损伤(血瘀)｜视野缺损｜水肿(组织水肿)｜垂体瘤术后	

　　(2)同业投保排查

　　排查同业发现被保人在同业投保过大病医疗补充保险，保额 30 万元。走访被保人工作单位，了解到被保人确实自 2014 年 12 月起在该单位就职，每年体检一次。由于被保人职业为幼儿教师，工作单位的日常考勤管理比较宽松，授课后可回家，有充分的诊疗时间。

　　3．调查分析

　　多囊卵巢综合征，查阅《妇产科学》，其主要的临床症状为月经不调、雄激素过量和肥胖。在处理大量的保险理赔案件过程中，发现往往多囊卵巢综合征会同时发生脑垂体瘤。二者共同归类为内分泌科疾病，均会造成内分泌的紊乱。是否会存在患者在多囊卵巢综合征久治不愈的情况下，临床医师考虑可能存在脑垂体瘤而告知被保人行 MRI 检查的情况呢？

　　从医保处查询得到的信息显示被保人投保前实际上多次就诊于中医医院，经与医生确认，多囊卵巢综合征患者同时存在脑垂体瘤的可能性会有，但往往被保人由于是在中医因月经不调就诊，此类患者人数众多，临床医生建议患者行头颅 CT、核磁的情况较少见。

　　为排除客户在投保前被医生已告知行头颅影像学检查的可能，保险公司再次排查了客户投保前的就诊医院，其多达 133 次的记录均为开药记录，未发现 CT/MRI 的检查记录。同时，慎重起见保险公司约见了被保人主治医生，经沟通，医生表示此病人因妇科病就诊，一直服用中药调理，效果还算可以。病人当时没有头部不适。未曾建议被保人行头颅 CT、核磁的检查。

　　4．调查结果汇总

　　客户在投保前的 2016 年 11 月至 2017 年 4 月，期间针对多囊卵巢综合征连续服用中药治疗，已超 30 日，投保时未告知保险公司。客户提供的首诊资料显示其在 2018 年 4 月因头痛行核磁检查疑似垂体瘤，后于 6 月在某医院行开颅手术，病理确诊垂体腺瘤。

　　客户长年在北京海淀区从事幼儿教师工作，家庭年收入 20 万元，2016 年和 2017 年体检有肥胖、乳腺增生等，均不涉及健康告知。怀疑客户投保前中医治疗多囊卵巢综合征的过程中有医生提示被保人行头颅影像学检查，但经走访未发现确切证据。

客户在同业有投保医疗险 30 万元，未投保重大疾病保险。

理赔结论

被保险人 2018 年 6 月在北京丰台区某医院住院，行开颅手术，确诊脑垂体瘤，情况属实。依据现有获得的首诊资料，其发病在 4 月，发病时已过 90 日条款约定的等待期，满足《轻症疾病保险》条款约定的脑垂体瘤的轻症责任。虽查到客户投保前连续多月服中药治疗多囊卵巢综合征，但未如实告知的多囊卵巢综合征与本次发生的保险事故（脑垂体瘤）无必然联系。

考虑本次赔付《轻症疾病保险》条款约定的轻症责任保险金 20 万元，赔付后终止该合同。因客户存在未如实告知事项影响保险公司承保决定，因此对其投保的重大疾病保险解约不退费处理。

案件启示

本案客户投保后就诊疾病为脑垂体瘤，投保前疾病是多囊卵巢综合征。二者之间实际上存在一定的关联性，理赔人员、甚至医生都有可能忽视到这一点。由于脑垂体瘤的症状与肿瘤细胞分泌的激素、肿瘤在生长过程中挤压的部位有很大关系，其首发症状存在非特异性，时间上存在不确定性。

本案给我们审核人的提示是，遇到内分泌疾病，需要加强学习医学基础知识，拓宽调查视野，有理有据推进调查理赔工作。若患者表现为内分泌紊乱，则要考虑多种导致内分泌紊乱的疾病，分泌的激素会通过血液的播散，引起的症状已不会局限在局部，切不可头痛医头，脚痛医脚。如临床上常遇到的高血压，有经验的医生会留意肾上腺 CT 扫描，以排除内分泌疾病——嗜铬细胞瘤。

此案被保人若通过业务员方式投保，其较高的体重、多毛的特征会引起注意。但线上投保则无法目测投保人的健康状况，故客户轻易成功获得承保。可见，互联网保险在提供便利的同时，也面临着更大范围的风险。

在相关症状的健康告知内容上需进行合理的设计，简化内容的同时而又不简化告知的项目，控制好各类无法目视的风险。

甲状腺癌理赔案例

投保信息

年龄：28 岁　　　　性别：女　　　职业：一般内勤

投保途径：线上投保　　　　投保时间：2016 年 12 月

投保险种：重大疾病保险　　　保险期限：终身

保额：20 万元

案情简述

被保险人，28 岁，女，2016 年 12 月通过线上投保重大疾病保险，保额 20 万元。2018 年 7 月 24 日，因体检发现"甲状腺结节"，在山东大学某附属医院住院治疗，确诊为(右侧)甲状腺乳头状癌，直径 1cm，伴桥本式甲状腺炎，7 月 31 日行甲状腺癌根治术，住院治疗 6 天，出院后向保险公司申请重大疾病理赔。

理赔过程

1. 案情分析

经审阅被保险人的投保资料和住院病历，发现此案存在以下疑点：被保险人在保单生效后 2 年内出险，确诊甲状腺癌，出险时间距离投保时间较短，存在一定风险；被保险人为 1990 年出生，年龄小，投保重疾险保额较高，且没有投保附加医疗类险种；该保单在滨州投保，但被保险人常住地为济南，存在跨地域就诊的可能。

综合以上疑点，调查人员随即制定了如下调查方向：

(1)核实被保险人身份，了解其工作生活轨迹及投保过程、就诊经过；

(2)排查体检机构、当地医院及医保有无既往就诊报销记录；

(3)排查同业公司有无投保理赔记录。

2. 调查经过

经面见被保险人，了解到其在济南高新区软件园某公司从事 IT 软件开发工作，户籍为济南市章丘区，既往身体健康，丈夫户籍为滨州，现定居济南。她自 2013 年进入齐鲁软件园某公司从事 IT 软件开发工作，公司每年组织员工体检，但体检机构不固定，只找到一份 2016 年年底在某体检中心的体检报告。婚后于 2016 年 6 月在章丘市妇幼保健院生育一子，既往产检身体状况健康。

调查人员同时发现一个重要信息，被保险人婆婆为某保险公司业务人员，此份保单是婆婆推荐给她买的保险，保险责任及免责条款均明白，其丈夫及婆婆均投保了同一保险公司的重疾保险。另，被保险人 2017 年 4 月在同业保险公司购买过重疾险 10 万元，9 月初已正常赔付。

调查人员前往章丘妇幼保健院调取了被保险人 2016 年生产时的住院病历，病历记载并无甲状腺相关检查记录。调查人员又排查了距离被保险人单位比较近的山东省立医院东院，排查到被保险人 2015 年 10 月 20 日至 2016 年 6 月 6 日多次在门诊进行产前检查及胎心监测，亦无甲状腺相关检查。调查人员随后又排查了济南及章丘多家医院，在济南市中心医院排查到被保险人 2018 年 6 月甲状腺 B 超检查报告记录：甲状腺右侧实质区域内可见 1.3cm×0.8cm 低回声结节，边界欠清。报告结论：甲状腺右侧结节(TI-RADS 4a)。

最后，调查人员在济南某体检公司，调取到被保险人 2016 年及 2017 年体检报告，经核对 2016 年体检报告与原件一致。2017 年 12 月 27 日体检记录，记录显示"甲状腺结节 0.6cm×0.8cm、阴道炎、乳腺增生等"。

3. 调查结论

被保险人工作为 IT 软件开发工作，收入较高且稳定，在济南已定居多年，工作单位已缴高额社保。被保险的近亲属从事保险行业工作，保险意识较强，建议子女投保重大疾病保险对社保加以补充，符合正常逻辑。

被保险人年龄较轻，参加工作时间不长，且单位历年体检未发现异常。2016 年刚生育过小孩，孕检期间并未显露出身体异常情况。

根据 2016 年、2017 年及 2018 年三次甲状腺检查结果分析，至发生癌变，该结节直径始终较小且仅能借助仪器检查才能发现，符合甲状腺乳头状癌的生长癌变过程。调查所获的信息均为投保之后的就诊检查记录，调查过程未发现风险。

理赔结论

被保险人 2016 年 12 月 12 日投保，2016 年 12 月 16 日公司体检结果显示甲状腺未见明确占位性病变。首次发现结节在 2017 年 12 月 27 日公司组织的体检，当时结节大小为 0.8cm×0.6cm，已过条款约定的 180 日等待期，符合等待期后条款内"初次发生"之定义，2018 年 7 月 12 日穿刺病理、7 月 26 日手术冰冻及术后病理，均支持甲状腺乳头状癌的诊断，术前 CT 结果提示甲状腺右侧叶符合甲状腺癌表现，7 月 30 日出院诊断甲状腺恶性肿瘤，故影像学检查、显微镜检查结果及临床诊断符合条款约定的重大疾病之恶性肿瘤标准，保险公司赔付 20 万元。

案件启示

甲状腺癌根据其组织发生及形态结构，可分为乳头状癌、滤泡性癌、髓样癌、未分化癌，其中仅甲状腺乳头状癌最常见，恶性度也最低。约占甲状腺癌的 85％，任何年龄均可发病，多见于儿童或年轻(40 岁前)女性。肿瘤生长缓慢，可在甲状腺内局限数年，多数为淋巴结转移，远处转移肺、脑不多见。

就诊的患者一般甲状腺结节平均存在 2 年左右(短的可几天，有的可达 7 年)，近几年发病率逐年增加，尤其临床诊断为甲状腺乳头状微小癌的患者比例越来越高，与百姓健康意识提高经常体检有关。

甲状腺乳头状癌的发生会受到激素、遗传、环境等因素的影响，如放射性、致甲状腺肿物质、碘缺乏等，此外，桥本甲状腺炎也可能导致甲状腺乳头状癌的出现。缺碘饮食会引起甲状腺肿大，进而增加患甲状腺癌的风险。但目前有学者认为过度补碘也会增加甲状腺乳头状癌的发生率。

甲状腺乳头状癌首发症状为颈部无痛性肿块(结节)，多数随吞咽上下移动，少部分有声嘶、吞咽困难及压迫感，少数先发现颈部转移淋巴结后找到甲状腺内原发灶，也有以颈部弥漫性肿大诊断为甲亢手术时发现的。近年来在健康体检时意外发现的甲状腺癌病例也不在少数。体检时发现的肿块一般均小于 1cm，若小于 1cm 的肿块，患者自述为自己摸到发现，应引起注意，一般是在隐瞒体检的事实。

最常用的首选影像学检查为超声检查，但需注意影像学结果即使提示良性，也可能是癌，肿物具有边界不清、内部回声不匀、血流丰富及细砂粒样强回声表现。若同时有颈部淋巴结肿大且伴钙化或囊性变，则甲状腺乳头状癌的可能更大。B 超引导下穿刺活检，诊断准确率可达 85% 以上，需注意查不到癌细胞不代表不是癌，且此项检查需要的技术较高，一般基层医院无法开展。CT 或 MRI、喉镜检查、PET-CT、甲状腺扫描等可酌情应用。

最终的确诊有赖于术中冰冻病理和术后病理。若术前穿刺病理明确为甲状腺癌，也可视为确诊。

从甲状腺乳头状癌的特点可知，若可获得投保前后较短时间内的真实的颈部"不存在结节"的 B 超检查资料，则可排除带病投保可能。经排查获得被保人投保前的多项信息，其中投保后第四日的公司体检结果：甲状腺未见明确占位性病变，基本排除了逆选择可能；客户在同业投保重疾险后短期出险，但结节小于 1cm，体表摸到的可能性较小，保额为 10 万元，与其经济收入吻合；另，常见的有逆选择可能的客户一般投保时会选择价格低廉的短期险种，本案客户的家人为其投保终身保障险种。故结合其他获得的调查资料，客户投保过程、发病过程、就医过程均符合常理。

膀胱肿瘤病症理赔案例

投保信息

年龄：31 岁　　　性别：男　　　职业：文职人员

投保途径：线上投保

投保时间：2017 年 4 月首次投保，2018 年 4 月续保

投保险种：重大疾病保险　　　　保险期限：1 年

保额：首次投保保额 40 万元，续保保额 80 万元

案情简述

2018 年 7 月 6 日至 7 月 24 日，被保险人在北京海淀区某医院住院，7 月 12 日行经尿道膀胱肿瘤激光切除术，7 月 24 日出院，临床诊断为膀胱恶性肿瘤。

2018 年 7 月 26 日，被保人向保险公司提出理赔申请。

理赔过程

1. 案情分析

2018 年 7 月 6 日凌晨，被保险人因左腰部剧痛，至北京海淀区某医院就诊，当日拟行激光碎石术，发现膀胱肿物，植入输尿管支架后，取膀胱肿物活检 2 块。7 月 11 日病理结果"不除外非浸润性低级别乳头状尿路上皮癌，建议多取材送检以明确诊断"，7 月 12 日行肿物切除，7 月 13 日病理"（膀胱肿瘤）尿路上皮乳头状瘤"，7 月 24 日出院诊断"输尿管结石、泌尿系感染、膀胱恶性肿瘤"。出院医嘱：定期门诊复查排石情况，定期复查膀胱镜了解膀胱肿瘤情况。

被保险人在首次投保后 1 年出险，两份病理均未明确诊断为恶性肿瘤，而出院诊断膀胱恶性肿瘤。

综合以上信息，调查人员随即制定了如下调查方向：

(1)排查是否存在投保前病史，并核实病历的真实性；

(2)了解临床医生诊断为膀胱恶性肿瘤的具体原因，以及出院后是否继续深入治疗等。

2. 调查取证

(1)就医行为排查结果

走访被保险人本人了解到，2018 年 7 月 6 日凌晨因左腰部剧痛，至北京海淀区某医院就诊，拟行激光碎石术，放置支架时，发现膀胱肿物。被保人 2013 年 7 月开始在某公司工作，该公司仅在入职时体检，平时无体检，个人年收入 25 万元左右。

走访被保险人出险医院，获得被保险人住院病历一份，证实被保险人本次就诊属实。医生告知，基于膀胱肿瘤反复性强的临床特性，被保险人已经做了几次膀胱灌注化疗，为预防恶性肿瘤而行的化疗。并认为病历首页的 D09.001 和 M813001/2 的疾病编码均无错误。走访北京中关村某医院、北京回龙观某医院等多家综合性医院，以及被保险人居住地社区卫生门诊，均未发现异常。

走访北京医保局，发现客户 3 条报销记录，均在投保后。

就诊时间	主要诊断	就诊医院
7 月 6 日	输尿管结石、泌尿系感染、膀胱恶性肿瘤	海淀区某医院
7 月 31 日	泌尿系感染、膀胱恶性肿瘤	海淀区某医院
8 月 14 日	鼻炎	

（2）同业投保情况排查

此外，排查到被保人在另一家保险公司投保过重大疾病、住院医疗和意外保险。

（3）工作经历排查

走访被保人工作单位，了解到客户所述属实，单位平时不安排体检，仅在新员工入职时要求体检，被保人打卡出勤记录无异常。

3. 调查结论

被保险人确系保险公司保单下被保险人本人，调查过程中发现客户投保后三次报销，投保前无报销史，未在同业投保高额重疾险。

理赔结论

本案客户存在两份病理，一份为客户 7 月 6 日入院当日活检的病理结果，描述为"不除外非浸润性低级别乳头状尿路上皮癌，建议多取材送检以明确诊断"。常理上，此份病理实际上病理科医生因取材较少，显微镜下辨识不清，未确定诊断。7 月 12 日完整切除膀胱肿物后，7 月 13 日病理明确诊断为尿路上皮乳头状瘤。客户提供的出院诊断为膀胱恶性肿瘤，疾病编码为 D09.001，该编码实际上支持 7 月 13 日的病理结果为良性肿瘤的，而 ICD-10 的组织学分类也将尿路上皮乳头状瘤编码为 8120/0(/0 是良性)。另外，客户提供的病历，出院医嘱仅"定期门诊复查排石情况，定期复查膀胱镜了解膀胱肿瘤情况"，该医嘱是支持良性肿瘤的判断的。综上，审核过程中，因保险公司一般以最终病理结果为准，往往会做出不符合恶性肿瘤标准而拒付保险金的结论。

细心观察上面的出院诊断页面，会观察到在病理诊断一栏处，医生出具的病理结果和疾病编码并非最终病理，而是将第一次未明确诊断的病理作为该病案首页的"确定的"病理。是否为医生的笔误，还是客户提供了虚假的病历？假若走访医生，医生明确以最终病理为准，那么为保险公司做出拒付结论会提供有力的支持。

8 月 29 日，保险公司再次走访该院医生，均表示不同意更改为 7 月 13 日的最终病理，主要原因是膀胱肿瘤复发性极强，虽第一次不能明确为"非侵袭性乳头状尿路上皮癌"，但治疗方案必须按照该病理结果治疗，目前被保人已经接受医院要求膀胱灌注化疗半年的治疗意见。

至此，被保险人的完整的主要就诊经过为：2018 年 7 月 6 日活检，病理不除外非浸润性低级别乳头状尿路上皮癌；2018 年 7 月 12 日行膀胱肿瘤激光全切术，术后病理为尿路上皮乳头状瘤，术后临床医生针对"非侵袭性低级别乳头状尿路上皮癌"制订了化疗半年的计划。

客户首次投保在 2017 年 4 月 4 日，已过等待期。ICD-10 将非浸润性低级别乳头状尿路上皮癌归类为 M8130/21。医生考虑恶性可能已经为患者制订半年化疗计划并开始实施。满足所投保的重大疾病保险中轻症疾病责任之"极早期恶性肿瘤或恶性病变"责任，保险公司予以赔付轻症疾病保险金 20 万元。

案件启示

膀胱肿瘤是泌尿系统中最常见的肿瘤。多数为移行上皮细胞癌。在膀胱侧壁及后壁最多，其次为三角区和顶部，其发生可为多中心。膀胱肿瘤可先后或同时伴有肾盂、输尿管、尿道肿瘤。在国外，膀胱肿瘤的发病率在男性泌尿生殖器肿瘤中仅次于前列腺癌，居第 2 位；在国内则占首位。

男性发病率为女性的 3～4 倍，年龄以 50～70 岁为多。本病组织类型上皮性肿瘤占 95%，其中超过 90% 系移行上皮细胞癌。

临床表现有血尿；膀胱刺激症状：如尿频、尿急、尿痛、持续性尿意感、持续腰胀痛、尿失禁；排尿困难、尿潴留；上尿路阻塞症状：如肾盂及输尿管口扩张积水、感染甚至急性肾功能衰竭症状；下腹部包块；全身症状：如恶心、食欲不振、发热、消瘦、贫血、衰弱、恶病质、类白血病反应等；转移症状：如腰痛、下腹痛、直肠刺激症状，若转移到子宫、直肠、结肠、肝、肾而引起各脏器相应的临床症状。

检查手段有尿常规检查尿浓缩找病理细胞、B 型超声波检查、膀胱镜检查(可镜下取材做活检)、膀胱造影、静脉肾盂造影、CT 检查(了解膀胱与周围脏器的关系，有助于 TNM 分期，制订治疗计划)、肿瘤标志物测定等。其中尿常规、B 超、膀胱镜检查较为常用，膀胱肿瘤诊断需要根据病因、临床表现和各项检查确诊。其中膀胱镜是最主要的诊断方法。

膀胱肿瘤治疗包括手术治疗和非手术治疗。对于表浅的膀胱肿瘤可采用经尿道切除或电灼手术治疗；较深的膀胱肿瘤根据病理结果制定膀胱部分切除术；多发的肿瘤可分次切除等。非手术治疗一般采取膀胱内灌注 BCG(卡介苗，也可口服)，或化疗药物丝裂霉素、阿霉素等。

从常理心理分析判断，一般带病投保客户往往一过观察期就出险就诊申请理赔，而本案客户连续两年投保，投保后 1+ 年才因尿路结石导致腰部疼痛发现膀胱肿物从而确诊，就诊过程分析符合常理，且发病前客户长期正常上班，考勤正常，同业重疾保额不高，从而分析带病投保可能性小，故以核实事故的真实性及病情为主。

就本案而言，若以惯性思维——"以最终病理为准"，往往会做出拒付保险金的结论；若以最终临床诊断"膀胱恶性肿瘤"，再加上"术后化疗"，又会做出给付重大疾病保险金 80 万元的结论。两次病理是一个肿块上的不同部位的组织切片，虽然第一次取材组织较少，但以第二次病理否定第一次病理并不严谨。本案客户经调查投保前无异常，出险是在保单第二年，且系治疗结石时发现的肿物，同业也无大量重疾投保，不存在道德风险。临床医生出具恶性肿瘤诊断，是否符合重大疾病保险金给付标准的"恶性肿瘤"？ICD-10疾病编码为解决此类问题，给出了统一标准。下图为尿路上皮肿瘤的ICD-10的编码，可供参考。

```
1 尿路上皮肿瘤
1.1 浸润性尿路上皮癌 8120/3 *
1.1.1 伴鳞状分化
1.1.2 伴腺样分化
1.1.3 伴滋养细胞分化
1.1.4 巢状
1.1.5 微囊性
1.1.6 微乳头状 8131/3
1.1.7 淋巴上皮样 8082/3
1.1.8 淋巴瘤样
1.1.9 浆细胞样
1.1.10 肉瘤样 8122/3
1.1.11 巨细胞 8031/3
1.1.12 未分化 8020/3
1.2 非浸润性尿路上皮肿瘤
1.2.1 原位尿路上皮癌 8120/2
1.2.2 非浸润性尿路上皮乳头状癌，高级别 8130/23
1.2.3 非浸润性尿路上皮乳头状癌，低级别 8130/21
1.2.4 非浸润性尿路上皮乳头状癌，低度恶性潜能 8130/1
1.2.5 尿路上皮乳头状瘤 8120/0
1.2.6 内生性尿路上皮乳头状瘤 8121/0
```

由图可见，"非浸润性尿路上皮乳头状癌，低级别"的编码为8130/21，与临床医生出具的编码一致，其中/2代表其恶性程度接近原位癌，故该类肿瘤是在细胞从良性逐渐恶变的过程中，倾向于达到了原位癌的恶性程度的。而原位癌是符合条款约定的轻症责任，而不是恶性肿瘤(编码需为/3)责任。据此做出给付轻症责任的结论。

保险医学是将医学理论与保险实践相结合并为保险服务的一种边缘性科学，是根据大数法则的原理，应用数理统计分析方法，进行"病残定位"和"生命预后"的研究。就医学理论来讲，本案客户实际未发现恶性细胞，最终切下的完整的肿块证实为良性肿瘤(尿路上皮乳头状瘤)，所谓的灌注化疗，实际上是针对未被发现的恶性细胞而进行的预防性的治疗。长达半年的化疗，已经提示客户的"生命预后"不是很好。由于临床医学上此种介于良恶性之间的肿瘤，往往由于存在恶性的倾向，医生经常会进行预防性的治疗，且为了避免后续病情恶化（发展至恶性肿瘤）与家属陷入纷争而在诊断上偏向于做出恶性肿瘤的诊断（以此向家属强调预防性治疗的必要性）。而保险公司承担的恶性肿瘤责任以 ICD-10 为准，而 ICD-10 则把此类情况排除在"恶性肿瘤"定义之外，造成客户的不理解。近年，各家保险公司注意到临床医学上的此类情况，推出的"轻症责任"很好地解决了此类纠纷，得到了理赔人员和客户的欢迎，有力地诠释了保险医学对未来风险的保障功能。

从本案可看出，临床医学着眼于患者目前的状况、未来患者的康复情况；而保险医学，则着眼于患者既往的健康情况、道德风险、病情是否符合赔付标准、理赔的决定是否公平并兼顾客户的满意度，尤其是保险医学比临床医学更加追求疾病的诊断、国际编码的客观性。本案的处理过程、最终的处理结果为保险公司今后处理类似的案件提供了一定意义的理论参考。

直肠神经内分泌瘤理赔案例

投保信息

年龄：41 岁　　　　性别：男　　　职业：公司职员

投保途径：线上投保　　　　　　投保时间：2018 年 8 月

投保险种：重大疾病保险　　　　保险期限：终身

保额：20 万元

案情简述

2019 年 5 月 21 日，被保险人在北京西城区某医院确诊为直肠恶性肿瘤。

2019 年 5 月 23 日，被保险人家属向保险公司提交理赔申请，并于

2019 年 6 月 3 日提交了理赔申请材料。

理赔过程

1. 案情分析

被保险人的病历资料仅四页，最早日期的为北京西城区某医院 2019 年 5 月 8 日的送检病理检查报告单，当月 21 日出具的病理结果为：(直肠)初步考虑为神经内分泌瘤，免疫组化结果神经内分泌瘤 G1(类癌)。被保险人的门诊病历记载：5 月 8 日因腹胀、大便溏 2～3 次/天，于北京西城区某医院行肠镜示：距肛门 3cm 可见大小约 0.3cm×0.4cm 黏膜下隆起，取活检行 EUS(超声内径检查术)示：病变起源于黏膜下层，大小 3.4mm×1.8mm。被保人距离肛门 3cm 处有一不足 0.5cm 的小隆起，此处排便时反复摩擦，极易引起出血。病理报告单提示临床初步诊断为直肠息肉。被保人会不会投保前存在便血、投保时未告知保险公司？

另被保人仅提供四页就诊资料，依据活检病理申请理赔，且有临床医生开具的临床诊断。临床医生还未进行手术治疗，就出具了临床诊断。是否有人指导被保人进行理赔？其就诊资料的真实性？有无后续治疗？

针对疑点，保险公司制订了案件整体调查方案：

(1)面见被保险人，了解此次疾病发现、治疗、既往身体情况、体检情况、工作情况；

(2)社保中心查询被保险人既往医保报销记录；

(3)走访就诊医院，面见病理医生，核实病史真实性；

(4)走访被保险人单位，核实被保险人既往身体情况、工作情况、就诊期间考勤情况、单位体检情况；

(5)居住地走访排查；

(6)同业保险公司投保及理赔记录排查。

2. 调查取证

(1)就医行为排查结果

2019 年 6 月 12 日，调查人在其单位见到被保险人本人，被保险人提供的理赔申请资料中并无首诊。根据被保险人的描述，2019 年 4 月上旬左右，感觉肚子胀、排气较臭，去北京西城区某医院(居住地附近1.3千米)检查。

被保险人提供了最早4月8日的消化内科门诊的就诊资料(首诊)，门诊医生初诊为便血，采血行全血细胞分析未见异常、行肝胆胰脾肾彩超检查未见异常。5月8日被保险人再次至北京西城区某医院行普通肠镜检查，全结肠内黏膜光滑，未见充血糜烂、溃疡及异常凸起，在距离肛门3cm的直肠处可见大小约0.3cm×0.4cm黏膜下隆起，经活检于5月21日明确为(直肠)神经内分泌瘤G1(类癌)。5月23日，被保人还在北京西城区某医院做了普通胃镜检查，结果为非萎缩性胃炎。其一直生活在北京，单位有体检，但体检报告无法提供。

调查人员通过居民身份证号码查询了被保险人的北京社保报销情况，社保未发现与本次疾病相关的既往就诊记录。

调查人员排查了北京西城区某医院，发现投保前有发热门诊、皮肤科门诊就诊记录，(经核实，系呼吸道感染、皮炎就诊，相关资料年久未保存，不涉及健康告知事项，与本次出险疾病无关)。另核实到被保险人提供的送检日期为2019年5月8日的病理报告单(病理诊断：直肠神经内分泌瘤G1类癌)情况属实。

调查人员从理赔申请资料中看到，其最晚的就诊资料为北京朝阳区某医院在5月23日出具的直肠恶性肿瘤的临床诊断证明书，排查该院，了解到该被保险人已经在该院进一步住院治疗。入院主诉"3月前无诱因出现便血"，既往史30年前阑尾手术切除术。被保人5月28日入院，5月29日行直肠黏膜切除术，5月30日出院。入院诊断出院诊断均为直肠神经内分泌瘤。调查人员在该院核实到的最终病理结果考虑为(直肠)黏膜下脂肪瘤。询问医生，告知被保人后续无放化疗计划，以后只需定期复查即可，医生坚持认为不是脂肪瘤而是神经内分泌瘤，只是恶性度比较低的肿瘤，被保人本次手术基本上是根治了。当进一步询问是否属于(保险公司所称的)大病时，医生拒绝提供个人意见。通过本次走访北京朝阳区某医院，可证明被保人发现肿瘤后很快进一步就诊，其就诊行为是合理的。

面访时被保人提及曾至北京东城区某医院就诊，排查该院见被保险人只有一次就诊记录，就诊时间 2019 年 5 月 20 日，就诊科室：肿瘤内科门诊，诊断：神经内分泌瘤。

排查北京地区其他综合型医院，未发现就诊信息。排查北京几大体检中心，证明被保人健康情况良好，不涉及健康告知项目。走访被保险人单位，居住地均未获得有价值信息。

(2)同业投保及理赔情况排查结果

排查多家同业，发现被保人所述属实，其在同业的重疾保单已经获赔 10 万元。

3. 调查结论

被保人为北京当地人，在居住地周围经常就诊医院均发现被保人投保前就诊记录，但均不在健康告知范围。大约在 3 月出现便血情况，当时以为痔疮，4 月就诊时仍以为是痔疮，未做肛肠检查，而做的全血细胞检查及肝胆胰脾肾彩超检查，均无异常。5 月开始陆续在北京西城区某医院、北京东城区某医院、北京朝阳区某医院做肛肠检查，活检病理确诊为直肠神经内分泌瘤后一周入院进行手术，手术病理最终结果非直肠神经内分泌瘤，而是直肠脂肪瘤。但走访医生均认为被保人仍为神经内分泌瘤。医生开具的临床诊断证明书也为直肠恶性肿瘤。但医生告知被保人不需术后的放化疗，病情基本达到了根治。被保人投保重疾 20 万元，投保前体检结果提示健康情况良好。

理赔结论

被保险人截至出险时，在两家保险公司总计有效的重疾保单保额 30 万元，未见明显的道德风险。其递交理赔资料过程引起理赔人员警惕，但排查到被保人活检不久即入院治疗，其就诊行为合理。其提供较少的理赔资料申请理赔的原因基本可确定是为了早些获得理赔款。本次被保险人活检病理、临床诊断完全符合恶性肿瘤定义，保险公司最终做出了"给付"决定。

案件启示

本案为什么不以最终病理为准呢？这要从活检部位和手术部位的精准定位谈起。病人在第一次活检时，是对所谓的"直肠息肉"做了极小部分的组织取材，我们姑且把这部分取材组织称作"HJ"。显然"HJ"已经不在之后的手术切下的组织中了。手术切下的组织，我们姑且称之为"SS"，SS的病理结果为脂肪瘤，属于良性肿瘤，HJ的病理结果为神经内分泌瘤，显然医生对于被保人的整块的组织（即"HJ＋SS"）的定性结果，只能是神经内分泌瘤，要按照神经内分泌瘤的治疗方法去治疗。此案提示我们，当实际理赔中遇到表面上同一部位的两份不一样的病理结果时，要仔细分析，切莫以最终病理擅自替代术中或术前病理，而做出错误的理赔结论。

本案被保险人系亚健康人群，互联网保险为亚健康人群提供了便捷的投保入口。一些亚健康人群系处于恶性肿瘤的起病极早期患者，这就需要理赔人员仔细甄别投保前不实告知的可能，扎实掌握极早期的恶性肿瘤判别方法，结合术前、术中、术后病理结果，临床诊断，有时甚至是手术的方式方法，治疗预后，后续治疗手段等等来综合分析。

对于理赔人员，理赔结束后应及时反馈给相关部门，促进公司调整、设计、运用科学合理适当的健康告知内容降低亚健康人群的承保比例。比如本案，健康告知列明：高血压（未服抗压药情况下，血压的收缩压≥160mmHg或舒张压≥100mmHg）。而本案被保险人有舒张压升高的情况，体检结果为血压增高，未明确有高血压，故被保险人有理由不予告知。保险公司可根据此案对表述方式酌情修改，相信这一做法会逐渐成为今后互联网保险精细发展的趋势。

先天性胆总管囊肿理赔案例

投保信息

年龄：12个月　　　　性别：女　　　　投被保险人关系：母女

投保途径：线上投保　　　　　　　　投保时间：2018年11月

投保险种：重大疾病保险　　　　　保险期限：终身

保额：20 万元

案情简述

被保险人系 2018 年 8 月出生的女性婴幼儿，家属在 2019 年 7 月下旬发现其皮肤巩膜黄染，上海市某医院门诊病历提示被保险人患有先天性胆总管扩张症，7 月 30 日在该医院儿普外科门诊诊断为先天性胆总管囊肿，并于当日收治入院，住院期间行胆总管小肠吻合手术。

2019 年 9 月，投保人向保险公司提出理赔申请。

理赔过程

1. 理赔分析

被保人系浙江瑞安市人，在出生后的 2 个月零 20 天由家人投保，在第 11 个月出险，首发症状为皮肤巩膜黄染，最终确诊先天性胆总管囊肿。此病被归于《外科学》中介，同时《儿科学》中的新生儿疾病中也有提及，通常情况下该病可被 B 超检出。

被保险人所投保的重大疾病保险产品条款中对于该类疾病明确约定：先天性疾病而导致进行的胆道手术不在保障范围内。

根据以上分析，对于本案的调查重点如下：

(1) 重点排查被保险人的出生记录、产检记录、儿保资料等；

(2) 次重点核实被保险人就诊资料，固定先天性疾病的证据；

(3) 了解家属有否在同业为孩子购买高额的重疾，借以明确有无不良投保动机。

2. 调查过程

经面访投保人了解到：2018 年 7 月 6 日被保险人因脸色发白、呕吐，至浙江瑞安市某医院就诊，当时医生即怀疑先天性胆总管扩张，后复查结果是胃肠炎；7 月 25 日出现黄疸；7 月 27 日改至温州医科大学某附属医院检查出先天性胆总管囊肿，医生建议至上海市某医院治疗。

经走访投保人面访中提到的三家医院，均与陈述吻合，在上海市某医院调取到住院资料记载被保人的 B 超结果明确为先天性胆总管扩张症，并在 8 月 15 日进行了胆道重建手术。

被保险人的新生儿出生记录、儿保资料、免疫接种记录，均显示投保时被保险人的健康情况未涉及相关不实告知项目。

同业投保情况：同一时间在同业 A 公司投保过住院医疗险，并参加了相互宝。

3. 调查结论

经排查，被保险人出生后 2 个月零 20 天时健康情况良好，保单生效后，短期内未见因黄疸就医的情况，儿保资料、免疫接种记录无异常记载。2018 年 7 月初发病，起初以胃肠炎治疗，7 月下旬发现黄疸后经 B 超检查发现胆总管囊肿，家属从瑞安至上海市某医院，于 8 月 15 日行胆道重建手术，B 超结果明确为先天性胆总管扩张症，不在条款中胆总管小肠吻合术(胆道重建手术)的保障范围。

理赔结论

根据调查结果，保险公司与投保人沟通，告知由于孩子系先天性疾病，不属于胆道重建手术的保障范围。投保人在电话中没有丝毫迟疑地宣称，在同业 A 公司的住院医疗险的条款里获知，判定疾病是不是先天性是需要看医院出具的疾病 ICD 编码的，并称自己孩子的胆总管囊肿，医院出具的疾病编码并非 Q 类(如下图)，所以并不是先天性疾病，要求保险公司正常赔付，否则向上级部门反映问题。

入院科别	儿外科		病房	儿外一病区		转科科别		/		
出院时间	2019年08月23日 11时		出院科别	儿外科		病房	32	实际住院	24	天
门(急)诊诊断			胆总管囊肿			疾病编码		K83.502		

出院诊断	疾病编码	入院病情	出院情况	出院诊断	疾病编码	入院病情	出院情况
主要诊断：胆总管囊肿	K83.502	1	1	其他诊断：			
其他诊断：胆道感染	K83.019	1	1				
梗阻性黄疸	K83.109	1	1				

同时，被保险人的主治医生明确表示不想介入保险公司和客户的纷争，拒绝对疾病编码做出修改。

面对陷入沟通僵持的案情，保险公司又一次走访了该医院的上级医生，该医生认为此次胆总管囊肿极大可能就是先天性疾病，但作为医生并不关心是否为先天性，因为不管先天还是后天，使用的治疗方式是相同的。医生不愿配合更改疾病编码，主要是担心家属与医院产生矛盾，但告知该编码是由病历制作人员填写的。保险公司暗访了出具该编码的病历制作人员，其反馈由于当时系统内无先天性胆总管囊肿的编码，故其随便选择了一个编码，当其向调查员展示系统疾病编码时，突然发现系统内有先天性胆总管囊肿的疾病编码为 Q 类，但其拒绝介入保险公司和客户的纠纷。慎重起见，保险公司将沟通过程留存为录音证据。

由于第一次沟通后，投保人的答复具有一定的专业性，故再次的沟通只能从医学知识、保险条款本身的专业性出发，沟通过程如下：

保险公司向投保人展示了最终调查结果，被保险人入院前的门诊、入院后的 B 超结果均系先天性，至于病案中未写入"先天性"的原因，医生明确告知了系由于医院本身只关注治疗的手段。

由于后天性的胆总管囊肿，本身要存在相关的引起胆道系统阻塞的疾病，但被保险人出生这么短时间，基本不具备后天性的可能。沟通过程中投保人始终无法提供被保险人有出生后引起胆总管囊肿的既往病史的证据。

投保人反复强调要以 ICD-10 为准，对此保险公司的解释是条款内没有约定先天性疾病的判定系以 ICD 编码为准。即使以 ICD 编码为准，也系世界卫生组织颁布的 ICD-10 的著作为准，医生未做仔细推敲而出具的病历中的编码若与权威的著作发生冲突，应以著作为准。所有这些证据均系保险公司针对其的疑问仔细收集的带有专业性的答复，支持保险公司做出的结论，遵循了相关的法律法规，经得起任何情况下的推敲。

案件启示

疾病编码是世界卫生组织编纂，被临床医生广泛用于疾病分类的科学依据，在病案首页中往往有标记。通过本案调查过程可知，该编码出具过程存在不规范、随意性，原因是医生以治疗疾病为主，只关心疾病病情，对于病案中该编码的精确性并不十分在意。此案提示对于条款中的一些先天性疾病、恶性肿瘤、精神类疾病，当病案的编码与实际发生的疾病存在出入影响理赔结论时，应注意走访医生、编码出具者并留存相关证据。

相比于传统保险，线上投保的客户一般对网络信息比较熟悉，其能通过互联网获得保单的行为说明，其通过互联网获得理赔知识的可能性也较高。实际理赔中往往会遇到专业性较强的客户，本案对胆总管囊肿的处理可为此类先天性疾病的沟通协谈提供一些参考和启示。

第二章　未如实告知

　　保险合同是最大诚信合同，投保人远比保险人更加了解保险标的的情况，履行告知义务是投保人的法定义务。

　　如实告知是要求投保人在投保时应将与保险有关的重要事项告知保险人的一项保险法律原则。投保人的陈述应当全面、真实、客观，不得隐瞒或故意不回答，也不得编造虚假情况用来欺骗保险人。

　　目前投保人投保互联网重大疾病保险合同时，保险人(即保险公司)以文字方式列明要投保人回答的有关被保险人的健康事项(一些疾病、症状、就诊史等)，强制投保人阅读并勾选有无健康事项中的异常。由于整个投保过程中，无保险销售业务员参与，即使被保险人罹患一看便知的严重疾病，只要选择无列明的健康告知事项，就可获得承保，保险合同即宣告成立。

　　重大疾病保险的给付条件是，达到条款约定的重大疾病标准；但给付的前提是重大疾病保险合同的成立。换句话讲，重大疾病保险的理赔，首先要判明投保人在投保互联网保险时，是否进行了如实告知。假若投保人未如实告知，影响了合同的成立，保险公司有权依据法律对保险合同进行处理。

　　具体互联网保险的理赔工作中，往往会发现，保险公司列明的问询被保险人的健康事项较少，而有的被保险人投保前的一些就诊、症状不加以分析很难判断属于健康事项的范围。被保险人投保前的就诊过多、资料过于复杂，如何从中着手安排调查获取较为稳固的解约依据，也是理赔应对未如实告知的重中之重。

　　以下收集的未如实告知核赔案例，一些投保人(也是被保险人)罹患较严重疾病恶性肿瘤而投保，即投保前就已达到条款内重大疾病给付标准；有的投保人投保前虽未达到标准，但相关的检查、就诊已经确诊投保前患有重大疾病保险合同列明的疾病，距离该疾病的给付标准仅差条款约定的治疗方式(如手术方式)；部分投保人投保时认为健康情况不需要告知，经仔细查勘、斟酌最终判定需要告知的。这些来源于真实理赔数据的案例，充分展示出互联网保险的风险范围存在之广、深度之深。虽然目前人工智能不断进化，愈来愈有代替人工审核的趋势。但从这些真实的案例来看，人工智能目前、甚至将来很长一段时间内不可能代替人脑对这些极其复杂、经投保人精心编织的谎言进行高效率的精准识别。作为审核人唯有不断学习充实各学科知识、掌握符合逻辑的分析方法，才能在与人工智能的竞赛中立于不败之地。

1 型糖尿病带病投保理赔案例

投保信息

年龄：14 岁　　　性别：女　　　职业：学生

投保途径：线上投保　　　　　投被保险人关系：父女

投保时间：2018 年 1 月　　　　投保险种：重大疾病保险

保险期限：终身　　　　　　　保额：40 万元

案情简述

2018 年 11 月 19 日，被保险人因"口渴、多饮、多尿 1 周，恶心呕吐 1 天"到安阳市某医院就诊，以"1 型糖尿病，糖尿病酮症酸中毒或电解质紊乱"收入院，于 2018 年 11 月 27 日出院，住院 8 天，随后向保险公司申请重大疾病理赔。

理赔过程

1. 案情分析

结合被保险人提供的理赔申请资料，考虑有以下疑点：

目前我国糖尿病呈现高发态势，被保险人保单生效一年内出险，以酮症酸中毒为首发的1型糖尿病虽然临床上也时有发生，但从医学发病过程上来讲存在投保前存在1型糖尿病可能。被保险人14岁，为在校学生，家长一般投保以意外险、医疗类险种为主，而本案被保险人监护人为何仅为孩子投保重疾类险种？被保险人提供病历资料较少，是否医院存档资料内有针对确诊糖尿病的详细检查资料？

对该案情经过分析后，调查人员列明调查重点：

(1)核实被保险人身份、了解其居住地及学校的正常生活轨迹；

(2)面见投保人，核实投保经过及住院治疗情况；

(3)排查当地医院及其他专科医疗机构，了解既往就诊报销记录；

(4)排查同业有无投保或理赔记录；

(5)面见本次治疗医生，了解该病的治疗情况及后续治疗情况。

2018年12月6日，调查人员对被保险人家庭进行了走访。被保险人为在校学生，2018年11月17日被保险人腹痛呕吐，在附近医院购药服用后未见好转，11月19日至安阳市某医院就诊确诊酮症酸中毒。孩子每年都体检，但家属无法提供体检表。

2018年12月7日走访安阳市某医院，除本次就诊外，未发现被保险人在该院曾有其他就诊。走访被保险人的主治医生，其告知被保险人以后需要长期依赖胰岛素，并获得了被保险人住院病历，其中有尿酮体、血糖的检查资料。

走访医保，相关人员未发现既往住院记录。居住地走访未找到有价值线索。

综合以上，医保、居住地、就诊医院及居住地周围医院均未发现异常。被保险人还未接受持续180日的外源胰岛素的治疗，且未因严重心律失常植入心脏起搏器；或因坏疽自跖趾关节或以上切除了一趾或多趾，即未达到条款约定的1型糖尿病的标准。是否就此终止排查、联络被保险人告知未达标准而单纯拒付？

翻阅被保险人提供的申请材料，提供资料较少，其中检查资料有尿酮体、血糖监测。经排查就诊医院获得了医院留存的原始病历，发现该医院制作的病历十分简单，对于一个初次患1型糖尿病的患者，为何检查项目如此之少？初次走访并未走访孩子所在的学校，家属自称孩子每年有体检，但无法提供体检表，是否是有意隐瞒孩子既往1型糖尿病就诊的事实？

带着以上疑问，保险公司进行了第二次排查。

调查人员前往被保险人学校进行走访，反复沟通未能进入学校。

调查人员再次前往安阳市医保中心进行排查，该中心工作人员确实仅能查阅到2018年11月19日的医保报销记录，但同时了解到，在医保中心查到的报销记录仅显示的为经过医保付款的记录，若被保险人就诊时在医院自费付款的话，报销记录是无法显示出来的，但可存在于医院的后台系统。

得知该重要信息后，调查人员对医院后台系统进行排查，发现被保险人多次门诊报销记录和住院报销记录，其中仅2018年11月19日是以医保报销，其他的全部为自费的门诊和住院治疗，住院记录显示被保险人2018年1月6日至11日，在安阳市某医院内分泌科就已经诊断为1型糖尿病。

在调查人员掌握相关信息情况下，被保险人的主治医生最终承认两次住院的被保险人为同一人，且第一次住院2018年1月6日是以自费身份住院的。根据被保险人2018年1月6日至11日的住院病历(投保前)：

2018年1月6日，被保险人因"心悸、胸闷半年，口渴、多饮、多尿、多食、消瘦半月"而入院。入院当时即行血糖监测、肝胆胰脾肾心脏彩超、多项血液及尿液生化检查、抗胰岛素抗体检查等，医嘱单记载十分详尽。完全符合1型糖尿病的临床发病、诊断、治疗的过程。

2. 调查结论

被保险人出险原因为1型糖尿病合并酮症酸中毒，但核查发现被保险人监护人在为被保险人投保前的半年，被保险人就已经出现心悸、胸闷的非特异性症状，其在2018年1月17日投保，在投保前20日左右，被保险人出现糖尿病患者的典型"三多一少"的症状，于1月6日至1月11日经住院确诊为1型糖尿病。出院后第7日为被保险人投保。投保后其监护人为躲避保险公司排查，仍然采取自费治疗的方式间断就诊，直至投保后第11个月开始，才谎称首次发生糖尿病，提供了医生编写的简单病历向保险公司申请理赔。

理赔结论

投保人于2018年1月17日为被保险人投保重大疾病保险，但被保险人在2018年1月6日至1月11日已经因糖尿病合并肾病进行过相关治疗，属于投保前已患疾病，且未如实告知，依据《中华人民共和国保险法》第十六条第三款规定，本次事故保险公司不承担保险责任，做出拒付解约不退还保险费决定。

案件启示

1. **熟悉疾病发生与治疗进展、做好充分的调查前准备工作**

随着生活水平的提高，目前出现了富贵病，如冠心病、糖尿病、高血压。尤以糖尿病、高血压患者居多。据统计目前我国糖尿病患者多达一亿余人。糖尿病病人由于可并发多种疾病，保险公司的重疾险、健康险均对这类人群予以拒保(有些防癌险可予以承保)。

无论是1型还是2型糖尿病，常见的实验室检查有尿糖、血糖、葡萄糖耐量实验(OGTT)、糖化血红蛋白、糖化血浆白蛋白；胰岛β细胞功能检查，如胰岛素释放实验、C肽释放实验；有关并发症的检查：代谢紊乱时，查酮体、电解质、酸碱平衡；心肝肾脑眼口及神经系统的辅助检查。另外还有关于病因和发病机制的检查，如胰岛素敏感性检查、基因分析等。

2. **本案带给理赔人员的启示**

以往当父母为孩子通过传统渠道投保时，往往需要向业务员当面介绍孩子，确认孩子健康情况，业务员需要当着孩子的面仔细询问家长孩子的患病情况。这也挡住了一些"不愿当孩子面撒谎的家长"。而本案被保险人父母，无须当孩子面说谎即可通过手机、网络投保。可见，互联网有两面性，提供了方便的同时，也滋生了道德风险。故而，审核人对于慢性病要时刻保持高度警惕。

再有，医保没有报销记录，不等于没有就诊过。本案第二次排查过程，明确给出了答案：当患者采用自费治疗时，医保并无报销记录。故今后的理赔工作中，要尤其注意，是否被保险人有意初次发病时自费就诊，购买保险后再走医保报销途径以此规避保险公司的排查。

鼻咽癌带病投保理赔案例

投保信息

年龄：29 岁　　　性别：女　　　职业：文职人员

投保途径：线上投保

投保时间：2018 年 9 月 9 日首次投保，2018 年 9 月 19 日追加投保

投保险种：定期寿险　　　　　保险期限：1 年

保额：首次投保保额 962960 元，追加投保保额 962960 元

案情简述

2019 年 1 月中旬，被保险人确诊鼻咽癌，后于 2019 年 3 月 9 日在江西省某医院病故，遗体 3 月 11 日火化。

2019 年 3 月 11 日，被保险人家属向保险公司提出理赔申请。

理赔过程

1. 案情分析

被保险人 2019 年 1 月 13 日因畏寒及腹部不适半年至江西省某医院就诊，出院诊断为颅内占位性病变。病历资料提示患者半年前出现畏寒、腹部不适，右眼外展受限，曾就诊某中西医结合医院，曾在当地各中医处服用中药调理。

既往病史记载被保险人罹患乙型肝炎 8 年，但查询定期寿险的健康告知内容里无肝炎和连续服药 30 日等项目。

从当前可获得的资料来看，记载最早的影像学资料日期在 2018 年 9 月 19 日，即投保后第 10 天即前往医院就诊，做 MRI 提示颅内占位性病变，但当天的相关就诊资料未提供。

此案被保险人在短时间内两次投保高额保障，并在投保后5个月因病治疗无效身故，出险时间短，风险保额高，引起了保险公司的高度重视。从病情及就诊过程分析，带病投保可能性高，调查需要重点排除投保前病史可能性。

对该案情经过分析后，调查人员拟定调查方向：

(1)走访家属核实出险者身份；

(2)核实被保险人生活轨迹及事发前异常情况；

(3)走访核实被保险人确切死因有无涉及责免；

(4)核实既往身体状况排除未如实告知事项及影响承保因素；

(5)同业核实有无异常动机。

2. **调查取证**

保险公司接到家属报案后立即启动了前期案件排查工作，排查到被保险人最早就诊资料为2018年9月16日至9月19日在某中西医结合医院住院。经医院CT、MRI检查提示恶性病变可能(鼻咽癌可能)并颈部淋巴结转移，建议病理定性，但被保险人刻意规避病理定性检查，并于2018年9月至2019年1月相继在多家保险公司投保多份保险。

第一次调查结束时，被保险人家属还未向保险公司提供理赔申请材料，9月份的病历提示被保险人可能向医生隐瞒既往就诊史，或医生被授意故意协助被保险人隐瞒病史。

结合临床书籍，被保险人颈部淋巴结5cm×5cm，曾吸鼻后咳出肉块，一般情况下会怀疑是肿瘤所致。鼻咽癌的治疗，首选放疗，结合化疗、中药调理及免疫治疗，因此保险公司有理由怀疑被保险人极大可能带病投保、匿名就诊。

在未收到被保险人理赔申请材料前，保险公司委托调查公司继续排查，发现被保险人更早的就诊资料，为投保第二天2018年9月10日在某中西医结合医院门诊挂号就诊。

5月15日收到被保险人家属提供的申请材料后，调查人走访了家属。其父亲陈述被保险人1989年11月出生在本地，2012年毕业后到深圳工作，2015 年结婚，生育一个男孩，2017 年离婚，小孩归男方抚养。调查人追问发病情况，其父亲称首次不舒服是在 2018 年 12 月，第一次看病是 2018 年 12 月 28 日在南昌的江西省某中医院。

根据其姐姐陈述又了解到，被保险人 2018 年在深圳某公司工作，同年 6 月回南昌学习美容，7 月回深圳，9 月回南昌过中秋节，在家待了几天就回深圳了。调查人追问发病时间，其姐姐称 2019 年 1 月因身体不舒服到江西省某中医院就诊。当调查人问及被保险人有否在深圳有过就诊时，其姐姐否认。

家属称被保险人住院期间告知父母及兄妹，购买了保险公司的定期寿险产品。

结合走访结果、初次调查结果分析，其父亲、姐姐均对调查员说谎，发病并非在 2018 年年末，被保险人在投保时应该已经是鼻咽癌晚期。被保险人户籍、家庭成员复杂，其父母均是户主，笔录记载 8 个兄弟姐妹。申请理赔的被保险人姐姐，是保险从业人员。

基于上述情况，调查公司增加排查了被保险人在深圳和广州的既往就医情况，发现了被保险人的姐姐因担心自己患宫颈癌曾做过相关检查，但是未发现被保险人就诊记录。

3. 调查结论

截止到目前的材料分析，被保险人投保时可以确认系鼻咽癌晚期的患者，应该告知咯血、恶性肿瘤。

理赔结论

本案可以明确被保险人带病投保，但其告知医生时隐去了咯血、恶性肿瘤等实际病史，保险公司决定面谈解约，对保险公司有利的资料如下：

被保险人在 2018 年 9 月 9 日晚间集中投保，保额近百万元，并投保后不足 12 小时即前往医院就诊。

保险公司调查得到的被保险人 2018 年 9 月 16 日开始的住院病历，其联系人是受访者之一被保险人姐姐，而其主张第一次住院系 2019

年1月。获取的病历可以了解到被保险人9月16日时已发病2月，颈部包块已经5cm大小，曾咳吐出5角硬币大小肉块，这些均是鼻咽癌晚期的症状，投保时是不可能没有咯血的。

被保险人姐姐称被保险人仅购买了该公司的保险产品，但实际上被保险人在多家保险公司投保重大疾病保险，均因等待期问题无法获得理赔。

被保险人姐姐自称不知道被保险人曾在深圳就诊，但调查结果显示，其和被保险人是在同一时间段在深圳工作，与被保险人曾就职于同一家公司。

6月1日，调查人员与被保险人姐姐进行了面谈，郑重诚恳地说明了家属所称的首次发病时间是不符合事实的，保险公司已在南昌、深圳、沈阳做了大量取证工作，明确被保险人系鼻咽癌晚期症状带病投保。面对保险公司大量有关被保险人就诊的过程、症状体征的描述后，对方终于放弃心理抵抗，最终承认被保险人带病投保。

案件启示

互联网保险正在成为一门集保险学、医学、心理学(谈判技巧)、侦查学等多门学科一体的产业，需要从业者随时专注学习，拓展思路。本案系以理论知识为基础，发挥集体智慧、化解公司经营风险——堪称经典的案例。

从此案理赔过程上看，调查取证难度较大，获得的调查资料庞杂烦琐，但调查人通过细致的分析，使细碎的调查资料形成了完整的证据链，同时适当运用面谈技巧施加压力说服受益人，有效地遏制带病投保的理赔风险。

肺部恶性肿瘤带病投保理赔案例

投保信息

年龄：38岁　　　性别：男　　　职业：农民

投保途径：线上投保　　　　　投保时间：2018年8月

投保险种：终身寿险　　　　　保险期限：终身

保额：10 万元

案情简述

2019 年 7 月 15 日，投保人向保险公司报案称昨天晚上，被保险人在家于睡梦中去世，申请身故保险金赔付。

理赔过程

1. 案情分析

保险公司经核实被保险人投保情况及出险经过，认为该案件存在以下疑点：

被保险人死亡后申请人立即报案，与以往后事处理完毕后再报案有所区别，需要确定被保险人的身份和事故经过；保单生效日未满 2 年，被保险人身故时年龄为 38 周岁，正处于青壮年，平时从事农业手工劳动，身体健康，猝死概率不高；申请人未提供任何医疗机构的治疗及抢救信息，仅凭一面之词不能确定出险信息的真实性。

对该案情经过初步分析后，调查人员拟定调查方向：

(1)走访相关医院及社保，了解被保险人既往病史；

(2)面见被保险人家属了解被保险人既往身体情况及本次出险经过；

(3)走访村民了解被保险人既往身体情况；

(4)同业排查。

2. 调查取证

(1)医院及社保排查

调查人员前往当地医保部门排查被保险人既往医保报销记录，通过被保险人宫某某姓名及身份证号查询到被保险人 2017 年在莘县人民医院有 8 次住院报销记录，调查人员在病案室查询到住院记录并复印了病历。

调查人员前往莘县人民医院 CT 室，以被保险人姓名查询，查询到被保险人宫某某 2016 年 8 月 13 日在该院 CT 报告单一张，显示右肺下叶占位。综上所述，通过查询被保险人医保及住院记录，查询到被保险人投保前确诊为肺部恶性肿瘤。

（2）面见被保险人家属

据其妻子（投保人）口述："2019年7月14日晚，我和被保险人宫某某去村头逮知了，回到家后他说有点累了，我就说让他洗洗澡睡觉去了。到第二天早晨6点左右我喊宫某某起床，就发现人已经不行了。"

在和被保险人妻子面谈中了解到，被保险人身体一直很好，没有任何不适，农忙时干干地里的农活，农闲时在家买了一辆拉货的车，给养鸡场送点鸡饲料，现在在家干点电焊的零活，没有开门市，村上的村民知道被保险人会这个手艺，有需要的就去他家找他。

（3）走访村民

调查人员在当地通过走访村民，得知被保险人宫某某身患癌症已经有两三年的时间了，就诊医院不详。

（4）同业公司排查

经排查，被保险人没有购买过其他公司的保险。

3. 调查结论

经调查，被保险人在投保前已罹患肺部恶性肿瘤的证据明确，在投保时故意隐瞒投保前病史，涉及未如实告知。

理赔结论

结合前期调查资料，与被保险人家属进行多次沟通。首次接触被保险人家属坚持被保险人既往身体健康，态度蛮横；谈判人员用调查信息适当提醒被保险人家属，在证据面前终于承认既往病史。最终本案全额拒赔、退还现金价值、保险合同责任终止。

案件启示

接到报案后及时联系报案人了解出险情况，全方位分析还原被保险人出险经过寻找案件疑点，理清调查思路，通过侧面排查被保险人既往就诊信息找出突破口。

在当地医院不予配合的情况下，要采用多渠道、多方式获取调查信息。通过医保排查迅速锁定就诊医院，获取重要线索，避免大海捞针式逐家医院排查，在后期面见客户时做到心中有底。

面见客户时尽量不要泄露已获知的调查信息，根据客户陈述制作详细笔录，从而判断客户是否存在主观故意隐瞒的行为。在与客户面谈时，必要时可用已获知的信息适当提醒客户，迫使其心理防线崩溃，从而承认带病投保的事实。

宫颈癌带病投保理赔案例

投保信息

年龄：35 岁　　　　性别：女　　　　职业：一般内勤

投保途径：线上投保　　　　　投保时间：2017 年 12 月

投保险种：重大疾病保险　　　　保险期限：终身

保额：30 万元

案情简述

2018 年 11 月 5 日，被保险人因"阴道流血伴腹股沟疼痛 3 月余，加重半月"而入院，11 月 22 日出院，诊断为子宫颈恶性肿瘤多发转移。

同月，被保险人向保险公司提出理赔申请。

理赔过程

1. 案情分析

被保险人提供总计 5 页病历资料，未见病理诊断资料，无出院小结。病历资料显示被保险人发病已 3 月，就诊时症状已相当严重，癌组织已多发转移。

从理赔资料分析，被保险人应该有详细的住院检查资料，如影像学、血液、尿液、活检等检查资料，有可能是因为被保险人着急理赔而未提供完整资料。

从发病症状分析，被保险人首发阴道流血伴疼痛，常理上忍受 3 月而就诊的可能性极低，为何达到这么严重的症状才就诊？会不会投保前就已患癌症带病投保？

被保险人投保后第 11 个月出险，从宫颈癌的发病过程看，常理上讲，"带病投保"的可能性较小，"着急理赔"的可能性较大，故排查重点为：

(1)被保险人发病过程是否合理；

(2)投保前有无涉及健康告知的相关就诊；

(3)排查同业投保情况；

(4)核实被保险人投保动机。

2.调查取证

2018 年 11 月，调查人在太康县某医院面见了被保险人，根据被保险人自述，自 2011 年起，其分别陆续在乐清市、哈尔滨市、苏州市生活工作过，截至住院前系在苏州某企业工作。2018 年春节后，被保险人开始起病，首发症状为咳嗽(癌细胞转移至肺所致)。由于其妹妹尿毒症，家庭经济拮据，一直忍耐到 2018 年 9 月，症状十分严重。10 月 18 日至其农合所在地某医院就诊，但该院无床位，11 月 5 日到太康县某医院住院治疗。

调查人面见被保险人主治医生，其告知被保险人疑似宫颈癌，由于其宫颈已经不能打开，无法做病理检查，因此没有病理报告。排查被保险人既往报销情况，未发现存在投保前的新农合报销记录。

走访被保险人苏州工作地，工作人员仅记得确实有员工患宫颈癌后离开，但具体情况并不了解，并表示该单位没有为员工安排定期体检。

排查苏州、周口市、太康县的多家医院、体检机构均未发现被保险人曾有就诊及体检记录。

排查同业，发现被保险人在 2016 年 11 月投保过重疾 30 万元，医疗保险 10 万元，截至调查日为止没有申请理赔的记录。

在保险公司调查过程中，被保险人反复拨打电话要求尽快赔付，并一直强调其妹妹已患尿毒症，家庭急需用钱，要求尽快审核转账，并威胁投诉保监。面对巨大压力，调查人员反复对被保险人提供的资料和获得的调查资料进行分析，认为此案至少存在三大疑点：

(1)被保险人声称其首发症状为咳嗽，而病历提及首发症状为阴道流血，医学上当宫颈癌的癌细胞转移至肺时方引起咳嗽，故咳嗽极少见是首发症状；

（2）被保险人无门诊就诊资料，常理上无法解释；

（3）被保险人的住院资料较正常因宫颈癌就诊的患者极其简单，缺少病理资料，常规检查资料极少。

保险公司获得了被保险人未提供的出院记录，显示被保险人 11 月 5 日入院诊断"宫颈占位"，说明医生在其入院诊断前已获得占位的影像学报告，而被保险人住院期间最早的影像学报告为 11 月 6 日出具，但被保险人否认既往有过门诊就诊。

综上，调查人员认为被保险人有串通伪造病历，掩盖既往患宫颈癌的事实的嫌疑。

反复推敲被保险人心理，其三番五次强调其妹妹曾患尿毒症，有可能其冒用其妹妹名字进行宫颈癌的治疗。为避免引起被保险人的警觉，保险公司委托另一家调查公司深入排查其妹妹就诊信息，在同一医院发现被保险人妹妹的住院记录，住院时间为 2017 年 4 月 24 日至 26 日，主诉"宫颈癌放疗后 5 月余伴发热"，病史记录"5 月前患者无明显诱因出现阴道不规则出血伴腹痛……在苏州大学某附属医院查阴超提示宫颈占位，病理结果提示宫颈癌，予化疗 1 期及放疗 1 疗程，期间出现 2 度骨髓抑制，10 天前在省人民医院再次给予奥沙利铂＋多西他赛方案化疗结束出院……"同时，保险公司侧面了解到，被保险人妹妹并未患过宫颈癌。

3. 调查结论

至此可以确定，被保险人患宫颈癌的发病就诊过程系以阴道流血为首发症状，经 B 超、病理取材而确诊，反复化疗后癌细胞仍转移至肺部，符合宫颈癌的医学发病过程。

被保险人 2017 年 4 月冒用其胞妹姓名在太康县某医院因宫颈癌住院化疗，并在 2017 年 12 月通过线上带病投保，为获得 30 万元保险金精心编造谎言。当保险公司调查人员获得其妹妹就诊信息后，多名住院医生在确认无录音录像设备的情况下主动告知了被保险人投保前曾在该院进行化疗的事实。

理赔结论

被保险人投保前即已经确诊癌症并化疗，带病投保重大疾病保险，严重影响保险公司的承保判断。保险公司依据《中华人民共和国保险法》第十六条及《中华人民共和国刑法》，解除保险合同，并对解除合同前发生的保险事故不予承担给付保险金的责任、不退还保险费。

案件启示

1. 被保险人提交资料简单，往往会被误认为被保险人不懂理赔、资料不全有情可原。本案的被保险人早在 2016 年前后就已经出现症状，由于等待期的原因，未到同业理赔。其提供的理赔申请材料较少，实际上是担心漏出马脚。该案提示审核人员，审核资料是否齐全同样也会反映出申请人的保险事故发生、发展的合理性，务必不要轻视这一看似简单的环节。

2. 对宫颈癌疾病发病过程、诊疗流程的掌握，对于审视案情发展是否合理、提供调查线索有较大的现实意义。宫颈癌，因首先发生在宫颈，故早期症状均与宫颈局部有关，最常见的是接触性出血、阴道出血，还有经期、经量的改变、阴道排液的异常。其最初的转移往往局限在宫颈的局部周围组织，到晚期，癌细胞浸入血液后发生肺、肝、骨骼的转移。本案被保险人自称首发症状为咳嗽，明显违背该病的发病机理。

该病一般行 HPV(人乳头瘤病毒)检查、宫颈刮片、宫颈活组织检查、阴道超声、CT、核磁共振等常用的影像学检查手段。经保险公司排查，被保险人所谓的首发就诊中，仅有一份入院后第二日出具结果的 CT 报告单，其他检查项目均缺少。后查阅到其冒名就诊病历后，其诊疗过程才与正常发病诊疗过程吻合。

3. 把握沟通时机，人性化沟通，维护公司救助弱者的良好企业形象。该案被保险人在理赔过程中反复催促，又扬言投诉保监、新闻媒体曝光等。保险公司的理赔人员始终保持良好态度，最终被保险人知难而退，未再与公司无理纠缠。

甲状腺肿瘤带病投保理赔案例

投保信息

年龄：39 岁　　　　性别：男　　　职业：一般内勤

投保途径：线上投保　　　　　投保时间：2018 年 6 月 9 日/21 日

投保险种：重大疾病保险　　　　保险期限：终身

保额：首次投保保额 10 万元，追加投保保额 10 万元

案情简述

2019 年 7 月 25 日，被保险人在北京大学某附属医院进行甲状腺结节切除手术，8 月 5 日病理报告确诊为甲状腺癌。

2019 年 8 月 9 日被保险人向保险公司提出理赔申请，并于 8 月 12 日提交理赔材料。

理赔过程

1. 案情分析

被保险人是内蒙古通辽人，现居北京，投保后 1 年出险，在北京大学某附属医院住院，主诉为"发现甲状腺结节 9 年"。

理赔资料显示，被保险人因"发现甲状腺结节 9 年"在北京大学某附属医院治疗，于 2019 年 7 月 25 日行甲状腺癌根治术，术后病理：(左侧甲状腺)甲状腺乳头状癌，癌肿大小 2.1cm×1.7cm×1.5cm，局灶侵及周围脂肪组织，(右侧甲状腺)结节性甲状腺肿，7 月 29 日出院诊断：左侧甲状腺乳头状癌，右侧结节性甲状腺肿。合同有效期内确诊甲状腺癌，是否存在带病投保的情况？

经查询被保险人保单发现，原来结节并不在所投保的重大疾病保险产品的健康告知项目之列。既然未要求告知结节，针对甲状腺结节的调查是否可以不必过分深入排查呢？仔细研读条款，重大疾病保险金需满足"等待期后初次发生"的重大疾病。

"初次发生"指"被保险人首次出现重大疾病或轻症疾病的前兆或异常的身体状况，包括与重大疾病或轻症疾病相关的症状及体征"。

故此案核实有无涉及健康告知事项，是否为等待期后初次发生为核实关键，故首诊资料和本次体检资料及既往体检资料是核实关键所在，需排除投保前及等待期相关疾病，排除影响承保因素，并排除异常投保动机。

综上，此案的调查重点为：

(1)首诊资料、既往体检资料、本次体检资料，确认被保险人有无涉及健康告知事项，是否为等待期后初次发生；

(2)核实是否存在异常投保动机。

2. 调查取证

走访被保险人了解到，被保险人是内蒙古通辽人，2001 年大学毕业后在北京某央企从事化工设计类工作，年收入大概 15 万～20 万元，社保单位缴纳。既往身体较健康，单位每年都会安排员工进行健康体检。

据被保险人回忆，在 2013 年或 2014 年单位组织的员工体检中，首次被查出存在甲状腺结节，大小约 1.7cm，后续每年的体检中发现缓慢增大至今。调查人索要 2013 年至今体检资料，被保险人称既往遗失，仅能提供 2017 年及 2018 年，调查人员随即对此两份体检资料进行了查阅：

2017 年 10 月 20 日体检，首页上被保险人信息、工作单位与本人反馈一致，体检结果异常见：

(1)甲状腺彩超呈现双叶边界尚清晰的单发结节伴钙化，建议到医院普外科进一步检查明确诊断；

(2)肾囊肿、轻度脂肪肝等。

2018 年 12 月 4 日体检，首页上被保险人信息、工作单位与本人反馈一致，体检结果异常见：

(1)甲状腺彩超甲状腺结节性质待查，建议及时到医院普外科诊治；

(2)肝内钙化灶、主动脉轻度反流等。

被保险人称在 2018 年体检后发现甲状腺已经较前几年增大，故 2019 年 2 月底前往某肿瘤专科医院的外科门诊就诊，3 月 1 日行超声后考虑手术治疗，但未约上排期。此后被保险人于 6 月 24 日前往东城区某医院挂外科就诊亦未约上手术号，故再前往本次就诊的北京大学某附属医院进行相关手术治疗。

此次投保为配偶为其购买，此外被保险人在同业两家公司投保重大疾病保险，保额累计 50 万元，均已经正常理赔。

从面访结果分析，被保险人自称 2018 年 12 月 4 日体检后感觉甲状腺较前几年增大，才会去医院进行进一步检查。然而对比 2017 年、2018 年甲状腺 B 超结果，结节大小发生的改变(从 19mm 到 20mm)远未达到人体可以感知"增大"的程度，被保险人的描述十分蹊跷，加深了调查人员的怀疑。

颈动脉	颈动脉未见明显异常	
甲状腺	甲状腺双侧叶见边界尚清晰的单发结节，最大位于左侧，约19mm×17mm；其内可见强回声。CDFI：血流未见明显异常	
肝	肝脏形态大小正常，肝内实质回声细腻，分布欠均匀，血管纹理走行清晰，门静脉正常。CDFI：血流显示正常	

2017 年 10 月 20 日体检结果

| 甲状腺 | 甲状腺右侧叶见边界尚清晰的结节，大小约14mm×7mm，周边可见低回声强光斑。CDFI：结节周边见环状血流信号
甲状腺左侧叶见边界尚清晰的结节，大小约20mm×16mm，周边可见低回声强光斑。CDFI：结节周边见环状血流信号
未动脉鞘少量反流 | |

2018 年 12 月 4 日体检结果

结合被保险人投保时间在 2018 年 6 月，是否是在该投保时间点感觉甲状腺较之前有增大而购买的保险呢?

按就诊轨迹排查：

某肿瘤专科医院：门诊排查见最早 2019 年 2 月 18 日，诊断甲肿就诊，未发现住院信息。

东城区某医院：门诊排查见最早 2019 年 4 月 30 日就诊，未发现住院信息。

北京大学某附属医院(本次就诊医院)：首诊时间 2019 年 7 月 19 日，同月 24 至 29 日住院，入院科别：普外科，主要诊断：甲状腺乳头状癌，情况属实。

经走访被保险人公司对口的体检机构，核实到被保险人2013—2018年期间完整体检记录。经比对发现，原来被保险人左叶结节直到2018年体检并未明显增大，右叶结节在2018年明显比2016年增大，2016年之前不足1cm，较难在体表摸到。而在2018年长到14mm，在体表已可扪及。通过结节大小演变过程分析，被保险人在投保时应该发现右侧结节突然增大、再加之保险公司条款对结节未问询而进行投保。

3. 调查结论

本案经调查被保险人2019年7月29日确诊左侧甲状腺乳头状癌，右侧结节性甲状腺肿的保险事故属实；被保险人从2013年起每年都有详细的甲状腺B超检查资料，其左侧结节大小基本未发生改变，而右侧结节在2018年体检时显示对比2016年明显增大。

基于以上事实，可以推测到被保险人正是因为右侧甲状腺结节突然增大而购买无结节告知要求的重疾保险，其主观上存在一定的道德风险。

仔细分析被保险人历年的体检报告结果，发现2016年体检报告的结果为"甲状腺腺瘤"。此结果显然系有经验的医生根据被保险人多年(4年)体检结果，明确出具的意见，故被保险人甲状腺腺瘤1年半余，从时间节点上分析投保前右侧结节增大，其妻子在被保险人已有重疾险50万元保额的基础上，又为其购买第三家保险公司的重大疾病保险，且投保时未如实告知询问事项中的"肿瘤"情况。

理赔结论

被保险人投保前已经于2013年开始至2017年在单位安排的体检中彩超发现双侧甲状腺结节，且并均被体检中心建议及时去医院专科进一步检查以便明确诊断，不符合过等待期后"初次发生"的重大疾病，特别在2016年11月9日体检中甲状腺(外科)检查所见：右侧甲状腺扪及结节、甲状腺左叶腺瘤(外科)，此项涉及健康告知事项"被保险人目前或曾经是否患有下列疾病：肿瘤"未如实告知，严重影响保险公司承保决定，且未如实告知事项与本次出险密切相关。

综上，保险公司依据《中华人民共和国保险法》第十六条和合同相关约定，做出解除保险合同，不予给付保险金的决定。

案件启示

甲状腺癌(thyroid carcinoma)是最常见的甲状腺恶性肿瘤，约占全身恶性肿瘤的1%，包括乳头状癌、滤泡状癌、未分化癌和髓样癌四种病理类型。虽然其在人群中的发病率低于肺癌、乳腺癌等。但由于甲状腺乳头状癌发展缓慢，对于治疗患者即使一拖再拖，对于愈后也无大的影响。各家保险公司的重疾赔付案件中，甲状腺乳头状癌发生率高居榜首。

从本案被保险人连续多年体检结果分析，该患者2013年(34岁)发现左侧甲状腺扪及结节，B超提示左侧18mm×15mm，右侧同时发现结节为6mm×2mm。在2014年体检时，仍可扪及左侧结节，B超提示左侧结节强回声(钙化)，大小无变化，右侧大小变化不大，医生建议手术。在2015年时，双侧可扪及结节，右侧增大较明显，为9.7mm×3.4mm。此后三年左侧大小变化不明显，但始终有钙化，右侧则在2018年体检时达到了14mm×7mm。右侧结节整个过程中未发现钙化。术后病理结果，左侧为甲状腺乳头状癌，淋巴结无转移；右侧为结节性甲状腺肿。临床上单发、钙化结节为甲状腺乳头状癌的高危患者，本案疾病进展过程完全展示出甲状腺乳头状癌进展慢、危害小(较少转移)的特点，该患者，左侧甲状腺2014年即已发生单发钙化结节，最终历时近4年半时间手术确诊乳头状癌，且仍然无淋巴结转移。对侧单发结节，但无钙化，最终病理证实非甲状腺乳头状癌。

互联网保险将繁多的健康告知项目进行精简精练，此案除可学习甲状腺乳头状癌案件的审核思路外，又警醒审核人，并非无结节、肿块的告知要求，投保人就可以给有甲状腺结节的被保险人购买保险。有的结节、肿块，医生凭借多年经验是可以做出良性肿瘤的诊断的，建议健康告知保留"结节、肿块"等内容的问询，作为对前端风险把控的辅助手段。

匿名就诊后投保理赔案例一

投保信息

年龄：39 岁　　　　　性别：男　　　　职业：一般内勤

投保途径：线上投保　　　　　　　投保时间：2017 年 12 月

投保险种：重大疾病保险、医疗保险　　保险期限：终身

保额：重大疾病保险保额 10 万元、医疗保险保额 50 万元

案情简述

2018 年 7 月 19 日，被保险人因"下腹部间断疼痛半月余"在某医学院附属医院住院治疗，诊断为腹腔多发恶性肿瘤。

2018 年 8 月 7 日，保险公司接到被保险人家属报案，报案时仍在治疗中。

理赔过程

1. 案情分析

接到报案后对保单承保情况及本次事故进行分析：保单 2017 年 12 月 12 日生效，保单生效半年后被保险人罹患恶性肿瘤，刚过此重疾产品的 6 个月等待期后马上出险。结合客户出险的疾病及投保时间，存在较高的逆选择风险。

故本次排查的重点在于如何核实到被保险人投保前未如实告知事项。

2. 调查取证

由于多次催促客户迟迟不肯提交资料，我司决定提前介入调查，分公司于 2018 年 9 月 17 日进行调查，调查思路具体如下：

排查被保险人居住地医院、农合；核实被保险人本次住院及确诊为恶性肿瘤的真实性和首诊时间；走访被保险人居住地了解生活轨迹、既往身体情况，投保经过、诊疗情况及核实职业；面访家属了解

投保情况。

调查人员对其居住地某医院进行排查，在该院病案室未查询到符合其身份信息的住院记录，门诊拒绝配合调查。

调查人员又在某医学院附属医院病案室查询，查询到客户家人报案的住院病案，住院病案主诉"下腹部间断疼痛半月余"，现病史"患者半月前无明显诱因下出现下腹部间断疼痛，呈隐痛，可忍受。……右肾大小正常，……左肾缺如。……"既往史"无异常"，出院诊断：腹腔多发恶性肿瘤。

调查人员在被保险人居住地某人民医院，用被保险人身份信息排查未发现既往住院记录，2018 年 9 月的住院记录可以确认为被保险人本人。

由于系统显示被保险人仍在该院住院，调查人员随后前往病房面访。由于被保险人身体状况不好无法配合完成，由其女儿代为完成。其述 2018 年 7 月在浙江嘉兴打工时感觉累，不想吃饭，腹痛，在当地医院行 CT 检查显示：腹腔内见多处团块密度增高影，……随后在某医学院附属医院住院治疗。被保险人既往体健，平时在浙江嘉兴从事建筑工作，具体投保经过情况不太清楚。

2018 年 9 月 26 日，调查人员再次前往被保险人的居住地某人民医院，用被保险人姓名等身份信息排查仍然未检索到。调查人员怀疑被保险人冒用他人姓名，于是用相近的名字进行检索，检索到某患者 2017 年 7 月 13—30 日的住院记录，主要诊断：左肾透明细胞癌，居住地址与被保险人在同一村，且与被保险人本次住院病案记载左肾缺如相吻合。由于非被保险人本人住院病案，医院拒绝了复印取证请求，调查人员对住院首页进行了拍照取证。

调查人员前往农管中心，经查询被保险人 2017 年以前无参保记录。2018 年有参保及报销记录。

调查人员在被保险人居住地进行走访，获取到准确信息，被保险人 2017 年曾在医院接受过肾切除手术。

在获取上述信息后，保险公司与受益人(报案人)进行事实确认，但被保险人女儿极力否认 2017 年 7 月 13 日至 30 日的住院记录是其父亲的治疗记录，态度非常强硬。保险公司告知其冒用他人医保卡是一种诈骗行为，如果其不承认，我们将把获取到的信息反映到当地医保。至此，被保险人家属终于承认被保险人 2017 年 7 月已确诊为左肾恶性肿瘤，因其长年在外打工，没有买医保，为了省钱，所以住院时冒用其弟弟的医保卡就诊。

3. 调查结论

综合以上调查情况，得到以下结论：被保险人于 2017 年 7 月已确诊为左肾恶性肿瘤，且冒用其弟弟医保卡就诊并接受了左肾切除手术，属承保前已罹患重大疾病，投保时未如实告知。

理赔结论

该案客户投保前已经身患恶性肿瘤匿名就医，投保时故意不如实告知，严重影响了保险公司的承保决定，故根据《中华人民共和国保险法》第十六条的规定，我司做出拒付解约不退费的理赔决定。

案件启示

客户刚过等待期确诊腹腔多发恶性肿瘤不合常理，但通过常规调查并没有发现客户投保前异常信息，案件调查一时陷入困境。如何调整思路寻找新的调查方向成为案件审核的关键。既然利用被保险人的信息调查无法深入，则客户极有可能匿名就诊。而匿名通常选择冒用身边亲人的信息进行，故调查中利用被保险人亲人的信息进行核实往往成为案件的突破口。本案利用模糊查询，查到客户投保前冒用其弟弟的信息确诊左肾恶性肿瘤，投保时故意未如实告知，严重影响承保，故保险公司做出拒付解约不退费的理赔决定。

保险公司在常规调查高度逆选择案件无法奏效时一定要及时调查思路，结合案情寻求新的突破口，为案件的审核找到充分的依据。

匿名就诊后投保理赔案例二

投保信息

年龄：45 岁　　　　　性别：女　　　　　职业：一般内勤

投保途径：线上投保　　　　　投保时间：2019 年 6 月

投保险种：重大疾病保险　　　　　保险期限：终身

保额：30 万元

案情简述

2019 年 9 月，被保险人因身体不适在河南某医院住院，9 月 30 日做手术，术中病理结果确诊为甲状腺恶性肿瘤，后续需要化疗。

2019 年 10 月，被保险人向保险公司提出理赔申请，案发时间刚过所投保的重疾产品等待期 5 日。

理赔过程

1. 案情分析

被保险人，因甲状腺乳头状癌出险。通常情况下，对于正常动机投保的被保险人，往往在出险的第一时间，比如发现结节至医院门诊就诊的当天即来电报案。但被保险人在住院手术、获得完整病历后才来电报案，投保保费缴费也选择了月缴。种种迹象表明，被保险人有故意不如实告知投保前健康情况的重大嫌疑。

保险公司围绕发病过程、医保报销、平日可能就诊轨迹及匿名就诊可能等进行深入排查。

2. 调查取证

面访被保险人，其称是洗澡时感觉乳房有肿块，去医院看医生没查出乳腺的问题，反而发现甲状腺有结节。查看被保险人乳房结节、甲状腺结节的资料，发现大小均在 0.5cm 左右，被保险人称可以摸到该结节，医生病历中也记载可触及甲状腺结节。

正常情况下，发育正常的人无论乳房结节还是甲状腺结节，在体表摸到 0.5cm 结节的可能性极小。被保险人还当着调查人员的面，在各大体检平台的手机 App 上进行首次注册，以此证明在三家体检机构均未体检过。

种种异常的举动，反而加深了调查人员的疑虑，遂又委托专业机构调查人再次排查。主治医生承认 0.5cm 甲状腺结节确实无法摸出，病历中的记载主要是医院要求的格式。在出险医院，对于一些需要患者本人才可以核实的资料，被保险人予以了配合。由于被保险人的异常配合，调查人员怀疑被保险人可能隐瞒了就医真相，存在匿名就诊的情况。

匿名就诊非常普通常见，大多数私人医院、一些公立医院只要患者交钱，均可在门诊就诊，医院没有义务对其身份进行核实。匿名就诊的特点是，经常藏匿名字，但是留的手机号码往往是固定的，要么是自己的，要么是家人的。由于一些医院的查询界面未设定手机号码的关键字段，故无法排查。实际操作中，调查人需按名字或者身份证号进行排查，然后对每条留存的手机号码进行核对，难度可想而知。保险公司在开封市、郑州市利用被保险人、配偶、妹妹的身份证号、手机号进行了大量的排查，但均无斩获，被保险人农合报销只有本次甲状腺癌的住院报销，其在同业购买的重大疾病保险已经赔付。

鉴于案件的高度可疑，保险公司启动了案件复勘工作。

被保险人接受了第二次问询，根据其提供的丈夫、儿子姓名手机号等在出险医院河南大学某附属医院发现了一家三口的就诊记录，但均未显示出异常。当地医保部门，仅发现被保险人的甲状腺癌住院报销记录。种种迹象表明，被保险人的匿名行为，非简单的冒用丈夫、孩子、姐妹的名字，使用姓名、身份证号排查已经无法突破找到线索。

在理赔调查陷入胶着的时候，开封市某中医院挂号处的手机号检索途径，成为了案件的突破口。在该处以被保险人丈夫、其本人手机号排查时，发现了其丈夫手机号下有过自费就诊，使用的姓名为"申某"，45 岁，诊断为盆腔炎。另在该院，被保险人本人的手机号也有过两次就诊记录，患者 16 岁，姓名则为"陈某"，推测应为其孩子的化名就诊记录。

经调查人沟通，该院超声科室同意保险公司进行排查，发现"申某"在2019年3月30日曾行乳腺B超检查，所留电话号码与被保险人的理赔申请书上的电话相差1位数。后又查询到"申某"在2019年6月19日，即被保险人投保前2日，在医院进行了乳腺、甲状腺的彩超检查，其中甲状腺的结果为：右侧叶实性结节伴钙化，TI-RADS分级4a级，其对应门诊病历中的电话号码同样与被保险人申请书上的号码相差一位。

被保险人在投保后的彩超报告结果(2019年9月27日)与"申某"的B超检查结果对比，发现三份报告所患病的部位、级别及报告内容基本一致。

据此，调查人员基本可以判定，名为"申某"的患者应该就是被保险人本人。为慎重起见，考虑到该院曾经更换过系统，调查员又要求门诊办公室的工作人员打开老系统，通过被保险人及其家人的名字及手机号码搜索，发现被保险人早在2017年就以"申某"的名字在该院的乳腺科就诊。

在调查人员调取到"申某"的彩超报告后，很快接到被保险人的来电，要求和调查人员面谈，调查员予以拒绝并返回郑州。被保险人与其丈夫赶到郑州，再度要求与调查员见面，调查人员为了解本案的真实情况，故答应了见面要求。两人均闭口不谈案件细节，随后拿出一沓人民币行贿调查员，被严辞拒绝。调查员无法说服两人主动坦白案件实情，借机离开。

理赔结论

经排查，被保险人于投保前2天，以匿名方式在河南大学某附属医院经B超检查发现甲状腺、乳腺结节，其中甲状腺结节TI-RADS分级达到4a级，投保时故意未履行如实告知义务，严重影响了保险公司的承保决定，故根据《中华人民共和国保险法》第十六条的规定，做出拒付解约不退费的理赔决定。

案件启示

回溯本案的理赔过程，理赔资料中关于"0.5cm的结节可以触及"的记载、被保险人主动让调查人拍照乳房的行为、主动配合调查人在出险医院排查的举动，恰恰提示了其匿名在该出险医院有过就诊的可能性极高。对于今后类似案件的审核，注意到该细节点，也许会为调查人缩小排查范围，集中调查力量侦破案情带来指引。本案以某些患者可能就诊的医院提供手机号码查询的功能为突破口，广泛排查了家庭成员的手机号码，找到了家庭成员匿名就诊的线索，同时结合相关的影像资料，完整展现了被保险人投保前隐匿就诊的过程，在法律上形成了强有力的证据链。

近几年，甲状腺乳头状癌在保险行业愈演愈烈，颈部明显有肿块的被保险人在传统渠道购买保险时，可以被业务员有效阻挡。但随着互联网保险的普及，这部分极其有恶意的被保险人也可以成功购买保险。目前甲状腺乳头状癌的理赔呈现爆发态势，出险时间越来越短、保额可高达数百万元之巨。获得理赔的被保险人很快被他人效仿，匿名检查、真名投保就诊的特殊手段已经被广泛传播。越来越离奇的出险案例，要求保险公司在承保端、理赔端都要做好管控防范。本案的调查过程，为保险公司提供了真实、典型的排查手段，提供了极具现实价值的范例，是难得的指导调查人的生动教材。

脑动脉瘤带病投保理赔案例

投保信息

年龄：38 岁　　　性别：女　　　职业：工人

投保途径：线上投保　　　　　投保时间：2018 年 7 月

投保险种：医疗保险　　　　　保险期限：1 年

保额：50 万元

案情简述

被保险人于 2018 年 12 月 20 日，早上起来时头晕呕吐，拨打 120，送至驻马店市某医院住院检查为脑动脉瘤，住院介入手术治疗，后续向保险公司申请理赔。

理赔过程

1. 案情分析

被保险人在河南省驻马店市某煤矿工作。2018 年 12 月 20 日早上起来时头晕呕吐 2 小时余而入院。2018 年 12 月 20 日至 2019 年 1 月 3 日在驻马店市某医院住院治疗，于 2018 年 12 月 26 日行左侧颈内动脉眼动脉段动脉瘤介入栓塞术＋全脑血管造影术。2018 年 12 月 22 日行 CTA CT 成像影像检查，左侧颈内动脉眼段内结节隆起，大小约 2.7mm×4.1mm，诊断为左侧颈内动脉眼段动脉瘤。

综上，被保险人颅内动脉瘤较小约 2.7mm×4.1mm，并无破裂出血迹象，医院采取介入栓塞治疗，与被保险人所述的眩晕、恶性呕吐的症状临床上并不符合。

被保险人于 2018 年 7 月 28 日投保医疗保险，投保后半年内即出险，从影像学资料判断，被保险人有极大可能为投保前发现动脉瘤，因较小、症状可耐受，而在等待期过后而就诊。因此理赔调查人员主要调查思路为：

(1)对于被保险人既往体检(包括工作单位体检)及医院、农合报销史进行相关排查；

(2)走访当地主要医院影像科及体检机构；

(3)排查同业了解有无道德风险。

2. 调查取证

调查人员面见被保险人，通过核对其身份证件，确认其为被保险人本人。据被保险人自述，2018 年 12 月 20 日，早上 6 点多起床时，突然头晕、呕吐，家人急打 120，因为家住的比较远，救护车等候时间较长，未免耽误病情，由自有车辆送到驻马店市某医院进行检查。经过检查，医院判断为动脉瘤并入院接受手术治疗，后于 2019 年 1 月 3 日出院，现在家中休养。

调查人员委托当地同业进行新农合排查，自被保险人参合以来，仅有 2015 年 11 月 7 日及此次出险的报销记录。

调查人员排查驻马店市某医院、驻马店市某人民医院、驻马店市某中医院、解放军某医院等医院，排查到被保险人于 2015 年 11 月 7 日因妊娠期糖尿病在驻马店市某人民医院住院病历，经调取此份病历，审核未发现阳性信息。因处于妊娠期无放射检查记录，余除此次住院记录外，无其他相关入院就诊记录。

调查人员根据被保险人居住地、就诊医院、生活轨迹、出险信息，综合分析，将调查重点放在当地较大、较近的医院驻马店市某医院门诊排查。确定调查方向后，调查人员及时前往驻马店市某医院门诊收费处进行排查，经过沟通，工作人员配合排查，发现有一位与被保险人姓名相似的患者于 2018 年 5 月 23 日的门诊收费记录，项目包括：核磁共振血管成像 645 元、诊查费 4 元、挂号费 0.5 元，并成功将此费用清单打印。调查人员根据此线索前往放射科室核磁共振室了解其检查信息，科室工作人员告知电脑记录仅能保存一个月。

调查人员排查被保险人同业投保情况，发现被保险人于 2018 年 3 月在同业投保重大疾病保险 10 万元，目前已提交理赔申请。

综合调查所获得的信息分析，考虑被保险人的名字较特殊，同名同姓人数不多，被保险人因脑动脉瘤出险，此病征进行检查也应为核磁共振血管成像，故调查人员认定 2018 年 5 月 23 日的门诊信息为被保险人的可能性非常大。

调查人员分析，驻马店市某医院为市级单位中较大医院，医院设备等应为先进设备，储存量也应较大，虽每日检查病人较多，但病人资料保存时间不应只保留 1 个月那么短的时间，且一般医院为了满足患者调取资料的要求，保存时间一般都在 3 个月以上。

鉴于以上原因，调查人员通过多方委托，再次前往医院进行核查。通过姓名、联系电话、联系地址等信息，确认此名字与被保险人相似的患者确为被保险人本人，且检查结果显示诊断为脑动脉瘤，与此次出险原因一致。至此，案件既往检查确诊报告证据已掌握。

理赔结论

被保险人在投保前既已通过医院检查明确诊断为脑动脉瘤属实，投保时未如实告知保险公司，理赔调查过程中，对被保险人询问既往是否有检查确诊为出险疾病时，被保险人依然未如实告知。根据《中华人民共和国保险法》第十六条，并结合案件实际情况，考虑当地外部环境，此案最终全额拒付，解除高端医疗保险合同，退还所交保费。

案件启示

脑动脉瘤是指脑动脉内腔的局限性异常扩大造成动脉壁的一种瘤状突出。脑动脉瘤多因脑动脉管壁局部的先天性缺陷和腔内压力增高的基础上引起囊性膨出。

脑动脉瘤形成的原因主要分为：先天性因素、动脉硬化、感染和创伤。此外还有一些少见的原因如肿瘤等也能引起动脉瘤，颅底异常血管网症，脑动静脉畸形，颅内血管发育异常及脑动脉闭塞等也可伴发动脉瘤。

脑动脉瘤破裂是造成蛛网膜下腔出血的首位病因，临床表现有动脉瘤破裂出血症状和局灶症状：

动脉瘤破裂出血症状表现为发病突然，患者剧烈头痛，形容如"头要炸开"。频繁呕吐，大汗淋漓，体温可升高；颈强直，克氏征阳性。也可能出现意识障碍，甚至昏迷。部分患者出血前有劳累，情绪激动等诱因，也有的无明显诱因或在睡眠中发病。

局灶症状表现为动眼神经麻痹，常见于颈内动脉—后交通动脉瘤和大脑后动脉的动脉瘤，表现为单侧眼睑下垂、瞳孔散大，内收、上、下视不能，直、间接光反应消失。有时局灶症状出现在蛛网膜下腔出血之前，被视为动脉瘤出血的前兆症状，如轻微偏头痛、眼眶痛，继之出现动眼神经麻痹，此时应警惕随之而来的蛛网膜下腔出血。大脑中动脉的动脉瘤出血如形成血肿；或其他部位动脉瘤出血后，脑血管痉挛脑梗死，患者可出现偏瘫，运动性或感觉性失语。巨大动脉瘤影响到视路，患者可有视力视野障碍。

为便于判断病情，选择造影和手术时机，评价疗效，国际常采用Hunt五级分类法对脑动脉瘤的临床表现进行分类：

一级：无症状，或有轻微头痛和颈强直。

二级：头痛较重，颈强直，除动眼神经等脑神经麻痹外，无其他神经症状。

三级：轻度意识障碍，躁动不安和轻度脑症状。

四级：半昏迷、偏瘫，早期去脑强直和植物神经障碍。

五级：深昏迷、去脑强直，濒危状态。

由此病的疾病特点，我们可以知道，因为存在先天性因素，且在不破裂出血的情况下患者一般无明显症状，很少就诊，故有可能存在逆选择。排查时要考虑走访工作单位了解平时体检情况，注意走访医院影像科及各地体检机构。尤其是遇到投保后短期出险、未发生动脉瘤破裂出血而直接入院治疗的案例时，需要加大排查力度。

不同于公检法人员有充足的时间进行案情进度分析，理赔调查的时效性非常强，调查人员对医学常识的掌握、理解程度，直接影响到调查计划的制订，理赔调查人员应学会从疾病的医学进展过程着手进行调查分析。

自驾车意外身故理赔案例

投保信息

年龄：43 岁　　　　性别：男　　　　职业：货运司机（自营）

投保途径：线上投保　　　　投保时间：2018 年 8 月

投保险种：自驾车意外保　　　　保险期限：1 年

保额：20 万元　　　　身故受益人：法定

案情简述

2019 年 2 月保险公司接到被保险人妻子的报案：被保险人于 2018 年 9 月 24 日因车祸身故，遗体已火化。

2019 年 3 月 23 日，被保险人家属向保险公司递交了理赔申请材料。

理赔过程

1. 案情分析

从初步的报案信息来看，此案存在以下疑点：

被保险人投保后不足 1 个月出险，投保后 4 个月报案，投保后 6 个月将理赔材料送至保险公司；报案时遗体已火化，保险公司已无法查验死者伤势等情况；投保险种为保费较低、保额较高的自驾车意外伤害保险，存在一定道德风险。

综合以上情况分析，保险公司拟订了调查方案：

(1)确认被保险人身份，谨防冒名顶替；

(2)确认出险事实是否与报案信息一致，谨防编造虚假的事故原因，杜绝保险欺诈；

(3)核实是否涉及条款内的责免事项，如酒驾、毒驾、无证无照驾驶等；

(4)涉及自杀可能性分析，比如巨额负债、身患重疾等客观原因导致的自杀可能，或因家庭重大变故、情感挫折、工作压力等情绪波动主观选择自杀的意图。

2. 调查取证

实地查勘案发现场漫水桥，桥面道路为东西走向，由混凝土打造，长约 50 米，宽约 3 米，两边无安全护栏，经现场测量水位深度大约为 2.3 米。在漫水桥和省道之间大约 10 米的路口有一堆砂石。

走访处理该事故的民警了解到，2018 年 9 月 27 日早上 7 时 40 分左右接到报警，修河堤的工人发现水里泡了一辆车。如果人站在车顶，水刚没过膝盖。桥面上有一堆砂石，推测驾驶人在绕砂石的时候(桥面较窄，为 3 米)滑下去的，当时车辆底盘和水泥桥之间有划下的痕迹，车辆滑下去以后在水中漂流大约二三十米。车辆拉出水面以后，在车后座发现尸体，确定事发时未系安全带。两证均有效，警察要求做尸检和毒理检测，家属不同意尸检，因此没有给尸体做酒精检测及毒理分析。刑警队、交警队查勘完前后现场后，排除他杀，最后给出的结论是溺亡。走访红花铺卫生院当时赶至现场的医生，证实死亡证明真实有效。走访村委会、现场打捞人员，均证实事故属实。

走访被保险人家属发现家属报案所称的 9 月 24 日事故时间不准确，

在 9 月 26 日晚其妻子仍与被保险人互发微信。

被保险人平日不抽烟、不饮酒，也不赌博，之前为电焊工，但手部以前有冻伤，导致近几年手掌无法展开，放弃了电焊工作，之后就只参加交流会卖床单、被罩等。被保险人父亲已经过世，家里有母亲、大女儿（前妻所生）、妻子、小女儿。被保险人妻子在其手机内的支付宝里发现保单后报案；被保险人既往身体良好，无住院记录；无体检记录；无负债记录。

当地社保排查、当地医务排查、当地体检排查等发现：被保险人未缴纳医保；门诊及住院均无记录；未见体检记录。

根据描述，被保险人如果从表弟家中吃饭后直接前往漫水桥的时间大约在 90 分钟，据证实被保险人 9 月 26 日晚上 21 点与配偶有过通信联系，即仍未经过漫水桥，此段空当期，存在饮酒可能。被保险人回西安线路完全可以不用经过漫水桥，直接行使 212 省道回西安，那么经过漫水桥的动机是什么？另外核实周边路段卡口显示事发前两天，该车辆曾反复出现。

同业排查投保记录，发现被保险人从 2015 年 3 月至 2018 年 7 月期间投保了多家保险公司的意外险产品，当前已获赔付 250 余万元：

(1)2018 年 3 月 25 日投保同业 A 公司意外险，已赔付 105 万元；

(2)2018 年 8 月 31 日投保同业 B 公司意外险，保额、理赔不详；

(3)2015 年 7 月 27 日投保同业 C 公司意外险，已赔付 105 万元；

(4)2018 年 7 月 14 日投保同业 D 公司驾乘险，已赔付 30 万元；

(5)2018 年 7 月 14 日投保同业 D 公司车险，已赔付 8.34 万元余。

3. 调查结论

经调查，2018 年 9 月 27 日 7：50 许，被保险人驾驶东风牌小型普通客车，在 212 省道凤县红花铺漫水桥路段距离岸边二三十米处水中被发现，被保险人溺亡在车内后座。红花铺镇卫生院出具医学死亡证明（推断书），死亡原因：交通事故，情况属实。

通过大量走访家属、居住地、事故地附近、交警队基本上排除了事发前被保险人异常行为，通过走访医院社保未发现被保险人投保前异常的健康情况。

理赔结论

经走访事故现场、公安机关、医疗机构、村委会、参与打捞的村民等，保险公司未发现故意制造保险事故、冒名顶替等证据。是否和同业公司保持一致的理赔结论，理赔人员中出现了不同的声音。

法律上对此有一定的界定——查不到证据支持受益人的主张，需按照合同约定处理。但事实表明，互联网保险的风险敞口巨大，无证据就轻易放行有自伤自杀嫌疑的保险事故，同样会带来不小的社会问题。此案经分析，有诸多疑点：

被保险人妻子报案时已经距离投保时间4月余，且称被保险人2018年9月24日发生事故，其妻子又称9月26日晚曾与被保险人有过联系。如果被保险人仅有一份保险，家属不知道曾投保有情可原，但被保险人生前投保多家保险公司意外险，常理上应该告知家人。

被保险人家属自称经济情况良好，但被保险人的表弟称被保险人欠其两三千元钱；参加打捞工作的村委会人员称垫付的打捞费用，被保险人家属仍未支付，其家庭财务状况存疑。

以上两点不足以引起怀疑的话，仔细分析下本次的事故经过，有难以解释的疑点：被保险人回西安的路径，正常情况下不应该经过事故地；事故地的桥上存在砂石堆，被保险人驾驶车辆只能缓缓通过。被保险人死亡位置是在后车座，说明其在车内时安全带是松开的，假设被保险人是清醒状态，当从驾驶室位置跌落至后座后，应该及时打开车门逃生。即使由于水压的原因，车在水中当时不能立即打开车门，当车内灌水到一定程度后车门还是可以打开的，一旦打开车门，爬到车厢顶，由于水才漫过膝盖，被保险人可以轻易逃生。即使未逃生，水从车外进入车内大约10分钟时间(有时长达30分钟)，被保险人有足够时间拨打家人电话，而被保险人并未拨打电话。

最终未成功逃生的原因，有可能被保险人当时掉至后座时，头部受到撞击晕厥，但车内并非坚硬的环境，此可能性不高；另外的可能就是被保险人由于饮酒过量，开车途中酒精开始慢慢麻醉，导致跌落后座后昏昏欲睡，最终溺水死亡；还有一个可能就是被保险人有欠债，以结束自己生命为代价获得保险金而故意开车至此制造本次的保险事故；而最恶劣的可能就是，死者并非被保险人本人，但经走访此可能性较低。笔者认为其醉酒的可能性较高，从前座跌落后座导致晕厥的可能性次之。

基于以上疑点，根据保险公司的投保须知"如您投保时已在或正在向其他保险公司申请投保意外伤害保险，或各类意外身故责任(不包含航空意外险保额)的累计保额超过 100 万元，则不能投保本产品，否则将拒赔"一条，被保险人投保产品前保额明显高于 100 万元。故最终理赔结论严格依据了此项须知内容，对本次申请做出了拒付条款约定的"私家车意外伤害身故保险金"20 万元、终止保险合同、酌情退还所交保险费的决定。

案件启示

相比于传统保险，互联网保险产品具有销售成本低、价格优势明显的特点，在短期内即可获得海量的关注。

此类产品吸引的大批客户中，不乏一些准备制造保险事故以牟利的风险客户：如投保前存在癌变可疑的甲状腺结节而未告知投保、投保前处严重疾病晚期意欲轻生而投保、身负巨额债务欲制造残疾保险事故获利而投保、利用他人尸体制造焚烧事故意外死亡而申请理赔，等等。

由于保险公司没有公安机关的一些非常规的调查手段，如身份证号、手机号的轨迹、通话记录查询等手段，无法确切还原保险事故事发前后的情形，因此发生保险事故时常常处于被动的位置。基于此，保险公司在设计产品时，更应充分考虑投保群体的道德风险，将一些以营利为目的的投保人拒之门外。

第三章 保险欺诈

保险欺诈是一种假借保险名义或利用保险合同实施欺诈的违法犯罪活动，主要指以骗取保险金为目的，采取虚构保险标的、制造保险事故、编造事故发生的原因或夸大损失程度等手段，导致保险公司多支付保险金，或支付不应支付的保险金的行为。

按照保险欺诈的定义，实际对保险公司造成了保险金的损失才称之为欺诈。保险欺诈案件多集中于财产险，由以车险领域为甚。而人身保险欺诈较少，究其原因，主要是制造车险保险事故可以由被保险人一方独自完成，被保险人自身的伤势可有可无。而人身保险，实施欺诈的标的是被保险人本人的身体，且其伤势又必须经过医院治疗确诊，制造保险事故的难度较大。

保险公司考虑到长期经营中的欺诈风险，会提高一定幅度的价格来弥补损失。那么，诚实守信的投保人购买保险时就必须支付更多的保险费。因此，保险欺诈不仅损害保险公司利益，最终损害的还是保险消费者的利益。

互联网保险投保的便利性，助长了人身险的欺诈理赔。在实际人身险理赔过程中，发现四类保险欺诈的形式：

先出险再投保。正常情况下，购买保险是为了弥补未来可能发生的某些事故造成的损失，也就是说，购买保险的时间必须早于出险时间。但部分投机取巧者在遭受损失后才后悔没有及时投保，于是想在出险后投保，通过谎报出险时间，将损失转嫁给保险公司。最常见的就是被保险人刚刚意外受伤，就购买保险，就诊时谎称系保单生效后才受伤。

隐瞒危险。一般来说，投保人对保险标的的了解程度强于保险公司，对保险标的是否存在危险也是心中有数。这种信息不对称往往被动机不纯的人所利用。如被保险人甲状腺结节经 B 超检查已确认 90％ 可能性是癌症，购买保险后等待期结束即就诊，谎称刚刚发现甲状腺结节。

虚构标的。就是为根本就不存在或不具有保险价值的标的投保。如伪造身份信息，伪造事故、就诊资料而申请理赔。

重复投保，一险多赔。对于医疗保险，损失补偿原则是基本原则之一。保险公司在保险责任范围内补偿经济损失，消费者不会因为保险而获得额外利益。然而为了获得超额赔偿，同时在多家保险公司为同一保险标的投保，发生保险事故后，伪造多张发票原件而申请理赔。

以下收集的欺诈案例，有的情节简单、有的情节复杂。主要意义在于拓宽保险公司审核人员防范风险的思路，实际理赔工作中随着互联网人身保险的发展，欺诈手段会越来越难以被察觉。作为审核人员，决不能仅仅局限于传统的防欺诈思路，对于任何一个理赔案件，首先要假定出一个可能被欺诈的情形，然后在具体的案件发生、发展环节审视其可被钻漏洞的可能，案件时间的合理性、人物出场顺序的合理性等，这些深入的思考，才能不断提升审核质量，筑牢抵御愈演愈烈的来自于互联网风险的无形围墙。

倒签单理赔案例

投保信息

年龄：34 岁	性别：女	职业：餐厅管理人员
投保途径：线上投保		投保时间：2018 年 2 月
投保险种：意外伤害保险、意外医疗保险		保险期限：1 年
保额：意外伤害保险保额 10 万元、意外医疗保险保额 2 万元		

案情简述

被保险人于 2018 年 2 月 21 日投保，保障 2018 年 2 月 22 日零点生效，生效当日在楼道滑倒失足坠下，造成右股骨骨折，住进曲靖市某人民医院治疗，并于 3 月 8 日出院，后续于当年 5 月向保险公司申请理赔。

理赔过程

1. 案情分析

2018 年 5 月被保险人向保险公司提交理赔申请，提供理赔申请书、身份证复印件、曲靖市某人民医院出院小结、化验单、住院发票原件、住院费用清单、银行卡号等资料，申请资料齐全。

本案涉及医疗费用金额 1.7 万元左右。当日投保，当日出险。经理赔人员仔细审核理赔资料发现曲靖市某人民医院出院小结中"入院情况"部分记录"支具固定"。根据医学"骨折"意外的治疗方案和既往"骨折"意外的理赔案例，理赔调查人员高度怀疑被保险人本次系倒签单，故即刻拟订调查计划，重点排查倒签单风险。

出 院 小 结

姓名：	科室：骨一科	床号：44	住院号：

姓名	性别 女 年龄 33岁	第 1 次入院		
		住骨一科 XXXX年XX月XX日 转XX科		
		住院天数：14天	转 归：（好转）	

【入院时情况】：生命体征平稳，一般情况可，右下肢肿胀，活动差，支具固定 右足趾关节血运，关节，运动正常。

2. 调查经过

为了解被保险人本次事故经过、职业情况、本次就诊情况，调查人员面访被保险人，核实身份，制作笔录，根据被保险人的自述，情况汇总如下：

被保险人今年 34 岁，职业为餐厅管理人员，主要负责餐厅管理及销售计划的制订和执行。被保险人既往身体健康，只有生孩子时住过院，无其他受伤史，每年会在社区中心进行体检，没有参保社会医疗保险。

2018 年 2 月 22 日早晨 6 点多，被保险人去公司送货，到达公司以后，抱着货物上二楼时，不慎脚下踩滑从楼梯上摔下。被保险人在摔倒后，试着站起来，感觉右脚使不上力，便坐在地上并拨打电话给同事。其同事赶到后，将其送到曲靖市某人民医院治疗（被保险人称是因为该院熟人多）。送医以后诊断为右股骨骨折，直接住院治疗，于 2018 年 3 月 8 日出院，在家修养至今，现在仍需借助双拐行走。

被保险人告知有关治疗的发票和资料都已经交给了保险公司，病历中提示的支具情况，被保险人解释为医生建议其使用支具，她并没有使用。

被保险人除本次投保之外，还购买了同业的重大疾病保险和旅游意外保险。

调查人员走访曲靖市某人民医院病案室，以被保险人姓名检索该院病案系统，发现同名住院记录 1 条，经核对年龄、性别、身份证号信息均与被保险人相符，确认为被保险人所有：住院时间：2018 年 2 月 22 日至 3 月 8 日，共 14 天。主诉：摔伤致右下肢疼痛伴活动障碍 1 小时。现病史：患者诉 1 小时前不慎约两阶楼梯摔倒，当即感右下肢剧烈疼痛，伴活动障碍，患者及家属为求进一步治疗遂至我院，门诊拟为"右股骨干骨折"收入我院。既往史：慢性咽炎病史，治疗后好转；剖宫产史。出院诊断：1. 右股骨干骨折，2. 髌囊上积液，3. 瘢痕子宫。

调查人员发现，被保险人本次病历第一页为住院病人入院证，入院证下方的记录时间竟然为 2018 年 2 月 21 日 19 时。

为了解被保险人本次出险时的情况，调查人员走访被保险人本次住院的主治医生张医生，询问该医生被保险人相关情况，该医生告知时间久，病人多，已经记不清楚了，只是说病历已经如实记录病人当时告知的情况。以被保险人姓名检索门诊收费系统，发现同名记录收费记录 2 条，时间为 2018 年 2 月 21 日，但缺乏身份信息，不能确认为被保险人所有。

调查人员走访该院放射科，工作人员以被保险人姓名查询系统，查询到该份检查报告，时间为 2018 年 2 月 21 日 19 时，诊断为右侧股骨中下段骨折，且性别、名字也与被保险人相符，疑似被保险人所有。

调查人员走访该院急诊科，找到开具被保险人入院证的医生，该医生告知被保险人入院证由他开具，开具时间就是 2018 年 2 月 21 日 19 时，被保险人当时来急诊科就诊，该医生当时给出的诊断为右股骨骨折；该医生不知道为什么被保险人在开具了入院证以后，会在第二天 22 号早上才去住院。另告知入院证上的住院时间原本是 2018 年 2 月 21 日，但被保险人是第二日才住院，所以由住院医生改成了 2018 年 2 月 22 日。

3. 调查结论

综合所有调查信息，可以确定被保险人于 2018 年 2 月 21 日就已经在曲靖市某人民医院急诊科就诊，诊断为右股骨骨折，并于当时办理了入院证，被保险人的投保行为属于已发事故后再投保的倒签单骗取保险金行为。

理赔结论

被保险人被确诊为右股骨骨折之后再行投保，并在提供理赔申请材料上刻意隐瞒真实的出险时间，保险公司给予整单拒付解约不退费处理。

案件启示

本案中这类"先上车后补票"的倒签单，属于保险中的"逆选择"做法，通常具有以下特点：

投保动机：投保人为减少就诊导致的经济损失进行有针对性的投保，该动机产生于投保前，且投保迅速。

事故过程中的行为：事故发生后正常治疗，仅在时间上存在疑点，事故过程看上去相对正常。

索赔过程：针对保险事故的发生时间进行隐瞒，全部签单的过程是调查的重点。

腰椎骨折后投保意外险理赔案例

投保信息

年龄：29 岁　　　　性别：男　　　　职业：私营业主

投保途径：线上投保　　　　投保时间：2018 年 7 月

投保险种：交通意外伤害保险　　　保险期限：1 年

保额：30 万元

案情简述

2018 年 9 月 17 日凌晨 2 点 20 分，被保险人驾驶私家车，与重型货车发生交通事故，当日下午因腰部骨折入院治疗。2019 年 4 月 15 日河南省第三人民医院司法鉴定中心出具的法医临床司法鉴定意见书鉴定被保险人腰部活动障碍构成 9 级伤残。

2018 年 9 月 18 日，被保险人向保险公司报案。

2019 年 7 月 10 日，被保险人向保险公司递交理赔申请材料。

理赔过程

1. 案情分析

被保险人提供了事故认定书、事故当日开始的住院病历及事故大约发生 1 年后的鉴定报告等。

初审案件资料，认为材料完整、事故真实性较高，事故发生在凌晨 2 点左右，有必要核实有无酒驾等责免情形。被保险人在事故中承担次要责任，若交通事故认定书记载内容属实，则道德风险不高。

2. 调查取证

仔细翻阅住院病历，既往史记载"腰 2 椎体压缩性骨折内固定术后 9 月余"，被保险人投保时间在 2018 年 7 月 21 日，投保前已经发生腰椎骨折，但保单内无任何健康告知内容。

既然投保行为无法认定为带病投保，其在事故中又负次要责任，那么调查的方向基本在核实事故的真实性、有无酒驾以及既往骨折病史有否遗留严重的腰部活动不良等要点上。

经排查被保险人本次私家车事故真实，无酒驾等责免情形。其第一次骨折发生在 2017 年 12 月 10 日，系因摔伤导致的腰 2 椎体压缩性骨折，腰 3 椎体较轻微骨折。12 月 14 日行"腰椎骨折切开复位内固定术＋骨折手法整复术"。为了解被保险人手术后恢复情况，保险公司排查了被保险人可能就诊的医院，未发现被保险人之后有就诊情况。

至此，被保险人基本情况为投保前腰 2/3 椎体曾有骨折，行腰 2 内固定术大概 7 个月后，购买了保险公司私家车意外险。2018 年 9 月 17 日发生交通事故，腰 4 椎体发生压缩性骨折，行切开复位手术治疗同时，对腰 2 椎体内固定拆除。因腰部活动障碍，2019 年 4 月 15 日，依据《人身保险伤残评定标准》"7.7 脊柱结构损伤和关节活动功能障碍"之"脊柱骨折脱位导致颈椎或腰椎畸形愈合，且颈部或腰部活动度丧失大于等于 25％"，鉴定为 9 级伤残。

初步排查后，因被保险人投保前已发生腰部骨折，理论上第一次骨折和第二次骨折共同导致的腰部活动度丧失，从鉴定过程的专科检查结果看，其首次腰 2、腰 3 的骨折遗留的对应部位存在一定的异常体征。本次伤情造成的残疾情况显然达不到 9 级。

调查人员电话联系被保险人，其承认了既往骨折的事实，但主张当时达不到残疾的标准，且医生告知如果不手术，遗留后遗症会较明显，故听从医生的建议进行了手术治疗。坚称自己遗留的症状很轻微。本次是新发的骨折，与之前关系不大。被保险人所述的情况，经保险公司排查，确实未发现被保险人术后有复诊、康复治疗等情况。被保险人同时提及，同业另一家保险公司已经正常赔付了保险金。

被保险人在同业有投保记录，并且正常得到赔付的情况引起了保险公司理赔人员的警惕，立刻提醒被保险人本次治疗腰 4 椎体骨折的同时又拆除了之前腰 2 椎体骨折的内固定，二者显然是同时进行的手术，不能完全否定系两次事故共同导致的本次 9 级伤残。保险公司无法满足其满额赔付的要求。

初次沟通过程中被保险人思路较清楚、对理赔过程的熟悉引起了审核人的注意，安排了对被保险人的第二次排查，排查重点系其在同业的投保及理赔情况。

经排查，发现被保险人投保了多份意外险保单，总保额高达 630 余万元，且集中在 8 月、9 月投保，存在重大道德风险，同业均推测该被保险人投保时存在腰部活动障碍，但投保过程中发现并不需要告知既往骨折病史而多家集中投保。更有的同业认为，该被保险人有利用既往腰部遗留残疾骗取保险金的嫌疑，只不过还未来得及实施，被突发的车祸造成了旧伤处附近的新伤。经咨询法医，腰 2 椎体遗留残疾程度一般均高于腰 4 椎体，被保险人腰部活动度丧失 43％，本次所占比例应达不到评残标准要求的 25％。

理赔结论

被保险人所投保交通意外险虽无健康告知，但投保时要求被保险人阅读"投保须知"，其内容里有"如您投保时已在或正在向其他保险公司申请投保意外伤害保险，或各类意外身故责任(不包含航空意外险保额)的累计保额超过 100 万元，则不能投保本产品，否则将拒赔"的提示。保险人在投保端对高风险被保险人的投保做了风险防范措施，对于存在恶意投保可能性的被保险人起到了警示作用。最后，保险公司依据此项做出了拒付的结论。

案件启示

对于意外险，不论是通过传统途径投保还是互联网途径投保，一般均无健康告知要求。传统途径投保时，可通过面见被保险人的方式对身体残疾导致风险做出防范。而通过互联网途径则无法获得被保险人既往残疾的信息，保险人面临着较大的风险。目前业内普遍采用通过"投保须知"对保额做出限制，将风险控制在一定的范围之内。通过本案可了解到，理赔人在审核案件时，不仅要关注健康告知，还需关注"投保须知"。

本案引入的另一个深入的思考是，是否有"保额超过 100 万元，则拒赔"这一条，保险公司就考虑拒赔？从该条设置的目的上讲，保险公司是针对有恶意投保的被保险人的。当事故的发生过程，被保险人的投保经过、理赔经过均指向被保险人存在恶意投保的可能时，则可考虑以该理由做出拒付决定。

伪造发票理赔案例

投保信息

年龄：39 岁　　　　性别：男　　　　职业：一般内勤

投保途径：线上投保　　　　　　　投保时间：2018 年 6 月

投保险种：意外伤害保险、意外医疗保险 保险期限：1 年

保额：意外伤害保险保额 10 万元、意外医疗保险保额 1 万元

案情简述

2018 年 9 月 20 日晚 20 点被保险人骑电动车不慎摔倒，在当地县人民医院治疗，后向保险公司报案申请意外医疗理赔，医疗发票总金额为 11604.48 元。

理赔过程

1. 案情分析

原本这是一起简单的意外医疗理赔案件，但被保险人在报案后的一系列异常行为引起了理赔人员的警惕：

被保险人不断来电催促保险公司理赔部门结案，有违正常被保险人的反应；被保险人称本次电动车出险，但提供的资料无法明确本次出险的经过。

谨慎起见，保险公司迅速制订调查方案：

(1)面见被保险人验伤、了解事故经过、核实职业类别及交通工具情况；

(2)社保排查、医务排查、同业排查。

2. 调查经过

面见伤者，查看受伤部位，查看伤者身份证等，确认伤者为被保险人本人出险。被保险人自述事故经过：晚上骑电动车回家，在路上不慎被对向来车远光灯闪到双眼，致使车辆摔倒头部受伤前往医院治疗，未见明显异常。被保险人自述为环卫工作，面见时身穿环卫服正在工作，查看当时所骑交通工具为电动车，车辆有明显受损碰擦痕迹，其他未见异常，被保险人头部有明显的受伤伤口。

社保排查：前往当地新农合排查，其工作人员拒绝配合。

医务排查：县中医院，核实到被保险人投保前半年因高血压三级住院治疗，门诊未查及被保险人既往有挂号记录。当地县人民医院，核实到被保险人本次住院属实，被保险人就诊发票存根联比对，发现原始住院发票金额为 9174.48 元，实际住院费用与被保险人提供给保险公司的发票金额不一致。

同业排查：财险公司 A 已赔付医疗保险金 8477.98 元，财险公司 B 已赔付医疗保险金 6885.02 元。对比两家财险公司所收到的理赔材料，发现被保险人提交的"医疗发票"上发票号码、金额等信息均一致，但是收费人员印章及医院财务章位置不一致，以此可以判定，被保险人向各家保险公司提供的发票均为伪造。

综上所述，被保险人提供虚假发票在多家保险公司理赔，且已获得赔付 15000 余元，已经涉嫌保险诈骗。

理赔结论

经核实，被保险人本次意外出险属实，但意外医疗产品的属于费用补偿型医疗保险，保险公司在理赔时会扣除被保险人已经通过基本医疗保险、公费医疗、商业性费用补偿型医疗保险、其他政府机构或社会福利机构等途径取得的医疗费用补偿。被保险人为同时获得多家保险公司的赔款，提供虚假医疗发票，获得多家保险公司理赔，已经涉嫌保险诈骗。根据《中华人民共和国保险法》第十六条、第二十七条的规定，故本次拒付解约不退费处理。

案件启示

互联网保险作为新兴事物，一方面为被保险人的投保带来了便利，节约了保险公司的人力成本，但网络投保与传统的渠道相比，投保时无法面见被保险人，无法真实了解被保险人的健康状况、投保动机、财务情况等信息，所带来的被保险人道德风险也随之增加，在调查过程中更需要理赔人员具备高度敏感的职业素质。

伪造意外事故理赔案例

投保信息

年龄：31 岁　　　　　性别：男　　　　　职业：个体经营者

投保途径：线上投保　　　　　　　投保时间：2018 年 3 月

投保险种：意外伤害保险、意外医疗保险　　保险期限：1 年

保额：意外伤害保险保额 60 万元、意外医疗保险保额 3 万元

案情简述

2018 年 5 月 21 日被保险人在翻修自家屋顶时不小心滑落摔伤，在成都市某人民医院治疗，花费医疗费用 20348 元，后向保险公司申请意外医疗理赔。

理赔过程

1. 案情分析

被保险人于 2018 年 3 月投保意外伤害保险，2018 年 5 月发生意外事故，事故发生时间与投保时间相近、且被保险人的身份证信息异常，引起了理赔人员的怀疑，随即确定调查方案：

（1）确认是否被保险人本人出险、核实事故经过；

（2）核实被保险人所提供的理赔申请材料真实性；

（3）走访当地政府相关部门，了解被保险人身份信息的真实性。

2. 调查取证

调查人员前往成都市双流区黄水镇某派出所，以被保险人姓名"刘某

某"查询，查询到一条户籍信息，身份证号码与被保险人提供的身份证号码一致。但该身份证号码对应地址为巴中市观音井镇某地址，且有效期限到 2009 年，故该身份证信息为伪造。

走访当地镇政府核实被保险人的身份信息，政府工作人员经查看被保险人提供的"黄水镇烂泥沟村村委会"出具的受伤证明及身份证复印件，告知黄水镇没有烂泥沟村这个村，也无烂泥沟村委会这个机构，故该受伤证明为虚假证明。

走访被保险人所述就诊的成都市某人民医院，按照被保险人的姓名及身份证信息均未查阅到被保险人相关的门诊及住院记录。走访病案室了解到被保险人本次提供的病历为虚假病历。

调查人与被保险人电话沟通要求验伤及做笔录，但是被保险人以种种理由加以拒绝，始终不肯见面，故无法录笔录也无法核实验伤。

理赔结论

经审核，被保险人提供的身份信息、受伤证明及病历发票均为虚假信息。被保险人本次理赔申请伪造保险事故，提供虚假理赔资料严重违反了《中华人民共和国保险法》第二十七条的规定，故拒付解约不退费处理。

案件启示

理赔人员在获取被保险人提供的理赔资料之后，应从投保、出险等方面对案件进行综合把握，寻找案件存在的疑点拟定调查方向，以便后续开展有效的调查。以本案为例被保险人提供的病历及发票并无明显的异常，但其投保时间较短且身份证信息异常，以此疑点开展后续的调查，最终核实被保险人伪造保险事故。由此可以看出基础查勘在案件调查过程中的重要性。

随着社会的发展，不法人员伪造资料的能力越来越强，基础性的理赔影像资料很难辨别出材料的真伪，给理赔人员的工作带来巨大的挑战。通过基础性的调查工作，相关医院、社保等的走访使不法分子无处藏身、原形毕露，可以有效打击保险欺诈行为，净化保险市场，使保险公司健康有序发展。

心肌梗死骗保理赔案例

投保信息

年龄：34 岁　　　　性别：男　　　　职业：个体经营者

投保途径：线上投保　　　　　　投保时间：2016 年 3 月

投保险种：定期寿险　　　　　　保险期限：终身

保额：19 万元

案情简述

2018 年 11 月 21 日，被保险人于家中接水管时不慎摔倒，送往当阳市某医院进行治疗，后于 11 月 24 日因心肌梗死身故，被保险人家属向保险公司提出理赔申请。

理赔过程

1. 案情分析

根据报案情况描述，被保险人死亡系心肌梗死疾病死亡，因涉案金额高达 19 万元，为核实被保险人既往身体状况与本次事故情况，排除免责事项以及其他阳性事项，保险公司迅速拟订调查方案：

(1)面见受益人，了解本次事故经过，了解被保险人既往身体情况；

(2)调取本次疾病身故相关病案材料；

(3)排查被保险人农合参保记录及报销记录；

(4)排查同业投保情况。

2. 调查取证

首先，调查人员要求对投保人(受益人)情况进行核实。投保人为被保险人妻子，也是本案的受益人，身份特殊。起初，投保人以各种说辞不同意见面，经过耐心解释沟通，投保人同意见面，但要求调查人员到了当阳市后再与其确定具体见面地点。

2018 年 12 月 19 日，调查人员抵达当阳市后立即与投保人联系，意外的是，投保人辩称自己没在当阳，在外地，昨天只是闹着玩才答应调查人员见面要求，没想到调查人员还真去了，而且说话语气间透露出不屑和不耐烦，没等调查人员说完，就匆匆挂断了电话。这引起调查人员极大的怀疑，如果案件没问题，家属怎么会是这样的态度。

调查人员随即前往被保险人就医的当阳市某医院，调取了被保险人的医疗病案。病案显示，住院时间为：2018 年 11 月 21 日至 24 日，住院诊断为急性心肌梗死、双肾包膜下积液伴肌化、双肾多发性结石、慢性肾功能不全等。

在调阅病史的过程中，调查人员发现病史记载被保险人于近两年开始腹痛、腹胀，近两月明显。同时发现，被保险人早在当年 4 月，在宜昌市某医院被诊断为多发性肾结石、双肾包膜下积液、双肾周围炎，并进行了包膜下积液穿刺，未抽出积液，未系统治疗。当年 10 月，因双侧腰部胀痛再次前往医院住院治疗，行肾周组织穿刺，活检提示："疏松结缔组织、成纤维细胞未见明显异型。"被保险人出院后一直感腹胀、仅能进食少量流食，双下肢体无力，记忆力明显减退，偶尔出现腰背部大面积麻痒，右手麻木。案发当日劳动时不慎摔倒，约 1 小时后自行醒来，门诊以"双肾周积液"收入院。

调查人员前往当地新农合办事处，经工作人员查询，核实到被保险人张某自 2010 年起，有多次住院农合报销记录。其中，投保前病史情况如下：

2009 年 5 月因上呼吸道感染就诊于玉泉地区某卫生院；

2009 年 9 月因高血压三级就诊于当阳市某医院；

2010 年 3 月因颈椎病就诊于当阳市某医院；

2010 年 6 月因脑梗死就诊于当阳市某医院；

2010 年 6 月因多发性脑梗就诊于武汉某医院；

2011 年 10 月因冠心病就诊于当阳市某医院；

2013 年 7 月因急性胰腺炎就诊于当阳市某医院；

2013 年 10 月因颈椎病就诊于玉泉地区某卫生院。

以上疾病就诊情况在投保时均未如实告知。

排查同业投保情况，发现被保险人于 2012 年在某保险公司投保两全保险，目前已经按照疾病身故赔付 6 万余元。

鉴于被保险人在投保前存在大量既往病史就诊记录，且均未如实告知，理赔人员提出了二次核保申请，核保结论为：被保险人投保前有多种疾病未在投保时如实告知，如高血压三级、脑梗塞、急性冠状动脉综合征、心肌梗塞等，若投保时如实告知，将予以整单拒保处理。

理赔结论

经排查发现被保险人投保前多次密集住院，既往病史涉及高血压三级、脑梗塞、冠心病、心肌梗死等，与被保险人本次出险疾病有密切关系。在投保定期寿险时，对于严重影响承保的病史，均未如实告知，严重影响了保险公司的承保决定，涉嫌保险欺诈。根据《中华人民共和国保险法》等法律规定，对此次理赔申请做出拒赔、退费的决定。

案件启示

虽然《中华人民共和国保险法》第十六条约定"自合同成立之日起超过 2 年的，保险人不得解除合同"，但依据《合同法》，如投保人存在欺诈行为，保险人与投保人签订的合同无效，故不属于"自合同成立之日起"的范畴，最终全额拒赔的核赔结论合理合法。

第四章　免责案例

责任免除是指保险合同中规定保险人不承担给付保险金责任范围的条款。绝大部分的保险条款内均列有责任免除事项。这里的责任，是指的保险责任，免除是不承担的意思。责任免除的意思通俗地讲是指保险人不承担一些情形下的保险责任。

保险合同中的责任免除事项，均是黑体加粗的，其原因在于这部分必须引起投保人的注意，让投保人仔细阅读。

之所以要设置责任免除，是由保险产品的性质决定的。从保险原理看，保险是众多的投保人为分散发生概率较小、非故意制造的保险事故的风险而设立的基金。如果这种风险发生的数量过多，则保险人必须提高保费，保费提供的结果就是购买保险的人的数量下降，导致保费不足以支付未来的风险，那么保险产品也就面临停售、无法发行的窘境。比如一些人身险把核爆炸、战争导致的死亡作为责任免除，把被保险人故意自伤作为责任免除就是这个原因。同时一些责任免除事项是从社会道德角度出发，如把投保人对被保险人的杀害作为责任免除事项，把被保险人自杀作为免除事项，把遗传病、先天性疾病作为免除事项，把酒驾、斗殴作为免除事项。试想一下，如果不设置这些责任免除事项，会有多少客户的生命、健康被他人用于获利，又会有多少已经承保的客户做出伤害他人的行为（酒驾、斗殴等）。可以说，正是因为保险条款内设置了责任免除事项，广大的人民群众才可以享受到如此低廉的保费保障较大的风险。

我国法律规定，保险合同中规定有关保险人责任免除条款的，保险人在订立保险合同时应当向投保人明确说明，未明确说明的，该条款不产生效力。根据最高人民法院的司法解释，明确说明必须符合两个条件：第一，在保险单上提示投保人注意；第二，对有关免责条款的概念、内容及其法律后果等，以书面或者口头形式向投保人或其代理人做出解释，以使投保人明了该条款的真实含义和法律后果。

对于互联网人身保险，除了条款内责任免除部分加粗，在投保时的页面内，均会对责任免除事项加粗以向投保人做出警示。

作为投保人，应该要知道投保的保险，在什么情况下可以赔，在什么情况下不能赔。不要以为买了一份保险，就万事无忧。实际理赔中，一些责任免除事项是需要专业的知识才可以辨别出。另外由于互联网人身保险的激烈竞争，一些保险人在传统的责任免除事项中对个别表述做了简单的更改，需要审核人仔细推敲方可做出正确的结论。总之，对于责任免除事项在理赔审核过程中，也需仔细斟酌。作为审核人，要根据理赔的过程、结果，提出合理的改进意见，以防范互联网人身保险愈演愈烈的风险。

自杀申请意外拒赔案例

投保信息

年龄：28 岁　　　性别：男　　　职业：医院设备科职工

投保途径：线上投保　　　投保时间：2018 年 1 月

投保险种：意外伤害保险　　　保险期限：1 年

保额：20 万元　　　身故受益人：投保人（妻子）

案情简述

2018 年 5 月 15 日，被保险人吃完午饭去上班后一直未归，四天以后尸体在当地某跨江大桥下的水域内被发现并打捞上岸，经家属辨认系被保险人本人，法医检验后排除他杀，被保险人家属向保险公司申请意外身故索赔。

理赔过程

1. 案情分析

本案涉及身故保险金 20 万元，警方仅排除他杀，被保险人出险经过不明确。调查人员梳理了调查重点：

(1)面见家属核实投保及本次事故经过，走访公安部门；

(2)了解被保险人是否存在感情问题或近期是否有较大的情绪波动；

(3)查勘事发地的周围环境，走访目击者。

2. 调查取证

调查人员面见投保人，即被保险人的妻子。其妻子本身为某保险代理公司内勤，被保险人为广安市某医院设备科内勤工作人员。家属称被保险人身体健康，家庭和睦，无异常表现，怀疑被保险人可能去事发地点看钓鱼时滑入水中溺水死亡。

调查人员在被保险人的某网络社交平台上发现在 5 月 19 日有一条好友留言："朋友那么多，你做出这个决定应该找我们商量一下。"此条留言引起了调查人员的注意，怀疑被保险人存在自杀可能性。调查人员遂在此网络社交平台上进一步搜索，发现疑似被保险人母亲的记载："我的孩子在某大桥跳河时，有工人在桥边亲眼目睹，既不施救，也不报警，看到鲜活的生命就这样逝去。难道你们没有孩子吗，你们的善心到哪里去了?!"

通过这些信息，整个事故经过清晰呈现，高度怀疑被保险人为自杀，为后续调查指明了方向，调查人员将网络截屏固定。

调查人员随后走访出险现场，发现事发地点为当地城郊结合部一座新建的跨江大桥，桥上及周围无天网及监控。走访大桥周边住户及环卫工人，了解到确实有个在医院上班的小伙子 5 月在大桥上跳河，听说患有精神方面疾病，家属曾四处张贴寻人启事寻找，小伙子跳河时听说有附近的工人看见没有报警，后看到寻人启事后用公共

电话通知家属，家属还请人到河里打捞遗体，未打捞到，后被渔民发现打捞上岸报警。跨江大桥下有两艘正在建造的大型轮船，多名工人在焊接轮船，经询问该处一名煮饭中年妇女，了解到造船工人多为重庆籍，15日当时靠近河边的工人确实看到有人跳河，跳河人员扑腾了几下就沉入了河中，看见的几名工人并未施救及报警。调查人员在造船工地走访了当时现场工人，均不承认当时看见了，告知只是后来听说有人跳河。

刑警队走访信息：刑警队对家属做的笔录显示被保险人投保前曾罹患精神分裂(刑警队仅供查看不予复印)。同时，调查人员获悉案发时出现场警官为被保险人亲属，报案记录显示被保险人患抑郁症。

医保医院排查：未排查到既往病史。

家属提供的派出所出具的死亡证明为溺水死亡排除他杀，余未获得相关支持自杀死亡的证据。

理赔结论

根据被保险人投保的意外险产品，因自杀导致的身故属于责任免除。现有的调查证据都指向被保险人跳河自杀，但仅为传来证据，证据效力薄弱，若家属无理取闹或诉诸法律，直接拒赔势必导致纠纷及败诉风险。

考虑到以上困难，理赔人员多次与家属沟通，告知已经掌握相关证据证明被保险人患精神类疾病未告知，不可能赔付，逐渐击溃家属心理防线，家属最终同意公司按照拒赔退还全额保险费的决定。

案件启示

因自杀案件的特殊性，在实际调查中往往无法获得直接有效的证据支持，若家属执意坚持申请意外身故并诉诸法律，在目前司法环境下，保险公司成功拒付的可能性很低。在这种背景下，调查若没有调到被保险人自杀身故的明确证据，则需要调整调查思路，综合考虑案情，寻找新的调查突破口，以支持拒付的结论。在理赔操作中通过调查提供的不同方面的支持证据，理清案件的整体脉络，与被保险人循序渐进、高质量的沟通，使理赔结论得到被保险人的认可，避免产生较大的社会不良影响及诉讼风险。

精神和行为障碍类疾病理赔案例

投保信息

年龄：9 岁　　性别：男　　职业：学生

投保途径：线上投保　　投保时间：2017 年 8 月

投保险种：医疗保险　　保险期限：一年

保额：200 万元

案情简述

2018 年 3 月 17 日，被保险人因“不自主眨眼、噘嘴、扭颈、挺肚子伴清嗓子半年”于前往成都市某医院住院就诊，诊断为多发性抽动症，并住院观察治疗。随后，被保险人父母向保险公司提出理赔申请。

理赔过程

1. 理赔分析

被保险人，学龄期儿童，居住在重庆市大学城。2018 年 3 月 17 日的入院记录记载：家长诉患儿于半年前无明显诱因出现不自主眨眼、噘嘴症状，遂就诊于重庆市某医院，诊断为“抽动症”。为求进一步诊治至成都市某医院，门诊以“抽动症”收入院。住院期间行智商测试、再认能力测试、注意力检查、感觉统合能力测试、耶鲁综合抽动严重程度检查，后根据病情给予中西药药物治疗，给予神经经络调控治疗、多参数生物反馈治疗、ECTH 治疗、SCS 脑部电治疗、中频中药离子导入治疗等对症支持治疗。被保险人于 3 月 22 日出院，诊断为：抽动症。出院医嘱：出院带药，保持均衡营养，避免感冒和情绪激动等。

综合上述，被保险人为抽动症就诊，记载半年前曾确诊，存在等待期及投保前就诊可能。

因为此病症状往往被家长及老师认为孩子好动、性格不良、不守纪律等，很少会被认为是一种病，症状不典型，一般不在投保时的健康告知项目内。故走访学校意义不大。考虑以排查既往史、等待期就诊、报销史为主，了解同业投保情况，客户投保动机等。

2. 调查过程

(1)既往病史排查

排查沙坪坝地区的医院，发现门诊就诊记录，时间为：2010—2018年，诊断：疱疹性咽峡炎、上感、胃肠炎、荨麻疹，未发现与抽动症有关的就诊。

因在主诉中明确提及被保险人曾在重庆市某医院就诊，故重点排查门诊就诊时间和诊断，固定相关证据支持。发现被保险人在该院信息中心查询门诊记录，其中一条：2017年8月20日在该院眼科就诊，主诉：无明显诱因出现经常眨眼，伴有过敏性鼻炎，无诊断。此条就诊记录，证实发生此症状的时间在投保之后，但发生在等待期之内，但未能固定诊断为抽动症的证据(院方拒绝取证)。

本次出险就诊的医院为成都市某医院，经病案室排查，只有一条记录，就诊时间：2018年3月17日至3月22日；治疗小结：患儿因"不自主眨眼、噘嘴、扭颈、挺肚子伴清嗓子半年"入院。其他查体未见异常，神经系统检查：智商数值81，再认率31%，中度注意力不集中、中度感觉统合能力失调、抽动严重程度分数28……入院后对症支持治疗。现患儿病情稳定，抽动症较来院时减少，家长要求出院。出院诊断：抽动症，首页 ICD-10 编码：F95.2，与客户提供资料一致。

(2)走访家属了解此次事故经过、对医疗记录进行取证

投保人自述被保险人于2018年3月10日出现噘嘴现象，家人立即送往某医院就诊，诊断为多动症，后带药治疗一周左右，感被保险人未见明显好转，故只能前往西南某医院住院治疗，现在出院后定期复查。

被保险人在三岁前生活地区在新桥，三岁以后在大学城，既往身体健康，儿保手册、疫苗注射记录已丢失。三岁以前在新桥社区卫生服务中心注射疫苗，三岁后在虎溪社区卫生服务中心注射疫苗。

投保人在某电商平台上了解的保险信息，对比了几家保险产品后进行

了投保，同时给一家三口都买了保险。

投保人表示在多家同业均有购买保险，但拒绝告知险种名称和生效时间、保额等信息。后经排查多家互联网保险公司，均未见投保记录。

3. 调查结论

被保险人于病情及就诊情况属实，社保无报销记录。

理赔结论

经审核，被保险人 2018 年 3 月在成都市某医院确诊为抽动症，但 2017 年 8 月被保险人就曾因相同症状就诊，此日期尚在保险等待期内。虽然客户极力否认当时确诊抽动症，不配合提供当时就诊的门诊资料，但抽动症(疾病编码为 F95.2)为医疗险条款约定的责任免除事项之"(12)被保险人患精神和行为障碍(以世界卫生组织颁布的《疾病和有关健康问题的国际统计分类(ICD-10)》为准)"，故保险公司单纯拒付处理。

案件启示

儿童抽动症、自闭症是比较常见的疾病，其中自闭症极易引起智力障碍。这两种精神类疾病在互联网保险的少儿客户中占有一定的比例，其道德风险较大，目前在保险条款的责任免除事项中的精神类疾病可以对两个疾病加以防范风险。

1. 做好调查准备工作

抽动症又称为抽动秽语综合征，它是一种以多发性不自主的抽动、语言或行为障碍为特征的综合征。本病的病因尚未阐明，近年的研究报道提示可能是遗传因素、神经生理、生化代谢及环境因素在发育过程中相互作用的结果。

临床症状：4～12 岁男性儿童为本病的好发人群。特征是不自主的、突发的、快速重复的肌肉抽动，在抽动的同时常伴有暴发性的、不自主的发声和秽语。抽动症状先从面、颈部开始，逐渐向下蔓延。抽动的部位和形式多种多样，比如眨眼、斜视、噘嘴、摇头、耸肩、缩颈、伸臂、甩臂、挺胸、弯腰、旋转躯体等。发声性抽动则表现为喉鸣音、吼叫声，可逐渐转变为刻板式咒骂、陈述污秽词语等。有些患儿在不自主抽动后，逐渐产生语言运动障碍，部分患儿还可产生模仿语言、模仿动作、模仿表情等行为。患儿不自主喉鸣出现较晚，少部分在早期出现，多数在起病后的6～7年出现。患儿的病情常有波动性，时轻时重，有时可自行缓解一段时间。抽动部位、频度及强度均可发生变化。患儿在紧张、焦虑、疲劳、睡眠不足时可加重；精神放松时减轻，睡眠后可消失。患儿智力一般正常，部分患儿可伴有注意力不集中、学习困难、情绪障碍等心理问题。

一般实验室检查结果无特殊。应做脑电图和脑的影像学检查如脑CT、MRI等，以了解和除外脑部的病变。根据病史、临床症状可以做出诊断。

该病的治疗常用药物有氟哌啶醇、匹莫齐特、硫必利、可乐定贴片、氯硝安定、肌苷等。

2. 学会从疾病的医学进展过程着手进行调查分析

从抽动症的疾病过程可知，发病多在儿童期，起初症状多为眨眼、噘嘴、耸肩等，父母多会误以为孩子好动，老师也会误认为是不遵守纪律课堂搞怪，轻微症状不足以引起重视而住院治疗，多为门诊就诊。

本案，被保险人在投保后半年余住院就诊，从入院主诉分析应为首次住院就诊，故排除重点应着重于投保前及等待期的门诊就诊。因此病的症状多不属于投保书的健康告知范围，故走访邻居、学校了解平时的健康情况的意义不大。

3. 综合分析，做出适当理赔结论

保险条款设立等待期、责任免除事项的意义在于排除投保人的逆选择，即投保人在明知被保险人存在疾病症状而投保。

此类疾病，单纯拒付后，客户往往对孩子的疾病归类为"精神病"难以理解，实际上此类儿童，智力并无大碍，家属有反复提出异议主张的可能，如：

未查及被保险人投保前及等待期明确诊断为抽动症的证据——投保人会以此为理由，坚决否认带病投保；

被保险人在等待期就诊后，至住院前大约7个月内，未发现持续治疗的情况——投保人会以此为理由，否认后续住院与等待期疾病的关联性，从而否认条款约定的等待期。

实际理赔过程中，会有个别客户围绕以上两点反复与公司纠缠。应尽量避免争议的扩大化，沟通过程尽量避免提及"精神病"等之类的用语，一旦提及精神病，普通的客户尤其无医学从业经验的，往往由于冲动，坚决否认孩子有精神病，失去继续沟通的耐心。可依据病历明确记载的疾病编码为出发点，将客户引导到出具具体的临床诊断、疾病编码的临床医生的咨询上去，争取获得客户的理解。实际情况中，在咨询医生后，往往理性的客户会给予一定程度的理解，不会将争议扩大化。

醉驾导致意外身故理赔案例

投保信息

年龄：40 岁	性别：男	职业：企业职工
投保途径：线上投保		投保时间：2015 年 12 月
投保险种：交通意外保险		保险期限：终身
保额：100 万元		身故受益人：法定

案情简述

2019 年 10 月 14 日被保险人因驾驶私家车不慎与大货车相撞，当场死亡，被保险人家属当日向保险公司提出理赔申请。

理赔过程

1. 案情分析

鉴于案件保额高达 100 万元，保险公司立即启动大额案件处理机制，开展前期证据的搜集及走访工作，从确认被保险人身份、核实事故经过、查看出险车辆、走访客户家属、排查医疗信息和同业、追踪事故认定结果等方面拟订详细的调查计划，即时展开调查。

2. 调查取证

(1)确认被保险人身份信息

2019 年 10 月 18 日，调查人员前往殡仪馆见到了死者，通过身份证和死者进行核对，确认死者为被保险人本人。被保险人面部仍留有血迹，调查人员对被保险人的面部进行了拍照确认。

（2）走访医院法医科、交警大队核实事故经过

调查人员首先走访当地医院法医科，法医告知尸检结果已经出来了，目前已经报送至交警部门，法医不对保险服务，不能让保险公司人员进行拍照。经调查人员再三申请，法医告知被保险人是严重颅脑损伤致死。

随后调查人员走访了交警大队，警方透露本案是起双方事故，目前该案件正处于调查阶段，不方便对保险公司透露。已经对被保险人进行了酒精检测，但毒检测未进行。被保险人行车证和驾驶证目前仍在警方手中，未获取到证件是否有效等关键信息。

警方告知待案件结束后会形成交通事故责任认定书，到时候情况都会表明，事故责任认定书需要在 10 个工作日之后出具。

（3）查看出险车辆

调查人员随后前往肇事车辆管理所，在车管所见到了被保险人事发时所驾驶的车辆，该车为车牌号蒙 D5×××8 的一辆黑色长安 CS75 型号车辆。该车辆车头已经面目全非，驾驶舱内凌乱，安全气囊已经蹦出且有血迹。调查人员多角度对该车辆进行了拍照。

（4）联系客户家属了解相关情况

调查人员在被保险人家中见到了被保险人的妻子、女儿和母亲，其父亲已经过世，因此被保险人的身故受益人为前述三人。

根据被保险人的家属描述：2019 年 10 月 13 日晚上 8 点左右，被保险人驾驶自己的私家车辆从绍根镇回天山镇，在 303 国道上，距离天山镇大概 70 千米左右，被保险人开车上坡，与对面行驶的一辆重型货车下坡迎面相撞，被保险人当场死亡，家属强调被保险人属于正道行驶。事故发生后，110、120 均出现场，被保险人直接被送往殡

仪馆。因该案件处于警方调查取证阶段，无法获得警方调查的相关信息和事故现场照片，目前肇事方司机已经被刑事拘留。

调查人员要求家属进行尸体深度解剖，但家属表示不同意，也不会在拒绝尸检书上签字。家属表示，根据当地习俗，对死者解剖确实是对死者的不尊重。

被保险人目前在家承包一块土地，年收入大概 10 余万元，并已经戒酒半年，有吸烟史。被保险人目前无其他债务，被保险人所驾驶的私家车属于贷款购买，目前还剩一年贷款即可还完。家属表示行车证和驾驶证均为有效状态。被保险人车辆保险在某财险公司投保。

(5)医疗信息和同业排查

调查人员来到当地最大的综合医院，未发现被保险人既往就诊记录。同业排查，未发现被保险人在其他同业为自己投保的记录。

(6)追踪事故认定结果

11 月 8 日，调查人员再次走访交警大队，提取到交通事故责任认定书，明确告知：被保险人血液中乙醇含量为 173.8mg/100ml，醉酒后驾驶机动车未按交通信号规定行驶，导致意外事故，事故发生时被保险人的行车证、驾驶证均有效。

3. 调查结论

至此，调查人员可以认定，被保险人因酒后驾驶导致意外身故，事实明确。

理赔结论

保险公司理赔人员随即按前期调查核实到的情况，以及所掌握的交通事故责任认定书，与被保险人家属展开沟通，家属对被保险人涉及条款责任免除中的酒后驾驶的事实表示清楚，主动放弃理赔，同时手写退费申请书，希望保险公司能够全额退还被保险人所交两份保险的保险费。经双方充分沟通达成一致意见后，解除合同退还全额保费。

案件启示

基础查勘是案件调查中极其重要的环节，其质量、获得的信息量的多少会直接影响到案件定性，故必须在以后案件调查中持续重视，并加强调查人员基础查勘技能水平不断积累和提升。

本案的调查人员在接到被保险人家属报案后第一时间前往事发地进行查勘，掌握第一手资料，是该案件的重中之重。另外，调查人员与交警部门保持了良好的联系，并在交通事故责任认定书出来后第一时间对该责任认定书进行了固定，为后期谈判提供了充分的证据支持。

驾驶与准驾车型不符拒赔案例

投保信息

年龄：29 岁	性别：男	职业：货运司机（自营）
投保途径：线上投保		投保时间：2017 年 12 月
投保险种：交通意外保险		保险期限：30 年
保额：200 万元		身故受益人：法定

案情简述

2019 年 3 月 26 日，被保险人驾驶的车牌号为湘 E×××××的中型自卸货车从隆回县 A 镇中心村往 B 镇刘家村方向行驶，途经隆回县 A 镇中心村路段右转上坡路段时，因操作不当，车辆后退坠入道路左侧山崖，被保险人当场死亡。

2019 年 4 月，被保险人家属向保险公司提出理赔申请。

理赔过程

1. 案情分析

被保险人因意外车祸死亡，生前投保过交通意外保险产品，保额 200 万元，因涉案金额较高，保险公司立即展开了理赔调查。

调查重点为：确定被保险人的身份和事故经过；明确被保险人所驾驶的车辆类别和性质；本次事故是否存在酒后驾驶、无证驾驶等免责情况；同业投保情况；交警部门相关事故处理情况及证明真实性。

2. 调查取证

(1)同业排查

调查人员排查到被保险人出险时所驾车辆在某财险投保车辆保险，调查人员随即联系查阅事故现场及相关照片。事故车辆为一辆中型自卸货车，车牌号为：湘E×××××，事故车辆坠落点距离道路约50米，道路为乡间水泥道路，道路上有明显刹车痕迹，悬崖边散落数十根木材。有事故车辆行驶证及被保险人身份证照片，确认为被保险人，车辆行驶证登记在被保险人父亲名下。询问驾驶证情况，查勘员告知：事故后，被保险人的驾驶证原件在事故过程中遗失，驾驶证是正常有效的。

(2)面见被保险人家属

调查人员前往客户家中，见到被保险人父母和妻子。由于距离事故发生时间较近，家属仍然处于悲伤中。见面后，被保险人妻子和母亲情绪激动，一直哭泣，后经耐心劝导，家属心情稍微平复，勉强正常沟通。

被保险人父亲告知，自己家有一台自卸货车，平时会在附近做木材货运生意，还专门雇了司机，但因近期司机不在，才会自行送货。事发当日，有一车木材需要运送，被保险人从A镇中心村拉木头到B镇刘家村，在途中一个地方上坡时，车子后退翻下去了，大概有50多米深的地方，人当场死亡，交警队到现场后联系了法医尸检。

调查人员核实被保险人身份证原件，确认为被保险人本人，询问两证情况，被保险人父亲告知，驾驶证和行驶证齐全而且都正常有效。调查人员要求查证，被保险人父亲仅提供了行驶证，并解释驾驶证原件目前放在A镇交警队，要等交警部门事故处理完毕后才能拿回来。询问驾驶证类型，告知持有驾驶证为B型。询问被保险人身故前从事什么职业，告知平时驾驶面包车拉货拉客。

(3)被保险人职业情况与事故情况调查

调查人员在被保险人居住地附近进行走访，获知被保险人平时开面包车拉货或送客，偶尔与父亲一起开货车拉木头，这次是拉木头途中上坡时货车后退，没刹住车翻进路旁悬崖，被保险人当场死亡。

(4)当地交警部门第一次走访

调查人员前往交警大队 A 镇中队询问事故处理情况，值班民警告知，本次事故属于单方事故，没有特殊情况，案件目前暂未结案，待结案后，会出具交通事故认定书等材料，可以向家属索要。因保密原则，交警部门无法配合保险公司提供事故档案材料。

询问民警被保险人驾驶证类型，民警告知，具体驾驶证情况需要前往当地车管所进行查询。

(5)车管所情况核实

调查人员前往隆回县车管所，经过查询后，仅获知被保险人驾驶证有效，询问具体驾驶证类型以及驾驶证档案编号，车管所拒绝透露。

(6)资料收集与查证

根据家属提供的理赔申请材料，被保险人所持驾驶证类型为：B2。事故认定书(盖章原件)情况描述：被保险人事发时持 B2 机动车驾驶证驾驶湘 E×××××中型自卸货车，事故形成原因为：操作不当以及超载。

为核实家属提供的信息，调查人员随即通过湖南交警官方网站查询被保险人驾驶证信息，查询结果显示，准驾车型为：C1M，与被保险人家属提供的驾驶证以及事故认定书信息不符。

详细信息						
驾驶证号						
序号	准驾车型	初次领证日期	下次体检日期	换证日期	累计记分	状态
1	C1M	2012-02-12	2018-02-12	2018-02-12	0	正常

调查人员通过进一步调查获悉，交警事故系统内的事故认定书内容与家属提供的事故认定书内容不一致，因涉及交警信息管理权限，调查人员只能通过当地交警部门核实。由于该案涉案金额较高，且后期可能会诉讼，为更有效掌握案件证明证据材料，调查人员决定前往邵阳市交警支队调阅本次事故档案材料。

(7)交警部门再次走访

调查人员前往当地交警部门，经协调沟通，终于调阅到了本次交通事故全部档案材料。经核实事故材料以及备份的交通事故认定书档案，确认被保险人事故时持有 C1M 驾照，且事故认定书记载：当事人违反了《中华人民共和国道路交通安全法》第十九条第四款，驾驶人应该按照驾驶证载明的准驾车型驾驶机动车。

由此确认，家属递交的驾驶证复印件、交通事故认定书原件等申请资料，与交警队留档案件材料内容不一致。

3. 调查结论

通过调查，确认事故者身份没有异常，驾驶自卸货车单方事故坠入悬崖导致死亡情况属实。调阅交警事故档案材料，被保险人出险时持有 C1M 驾驶证驾驶中型自卸货车，驾驶人被保险人持载明准驾车型不符的驾驶证驾驶机动车，属于被保险人投保的险种责任免除第 5 条内容。

理赔结论

根据此案的交通事故认定书：当事人被保险人违反了《中华人民共和国道路交通安全法》有关"第十九条第四款　驾驶人应当按照驾驶证载明的准驾车型驾驶机动车"。

依据被保险人所投保的交通意外保险中免责条款所约定的内容："被保险人酒后驾驶，无合法有效驾驶证驾驶，或驾驶无有效行驶证的机动车导致被保险人身故的，本合同终止，我们向您退还保险单的现金价值。"

最终本案全额拒赔，保险合同终止。

案件启示

《中华人民共和国道路交通安全法》第十九条规定，驾驶机动车，应当依法取得机动车驾驶证；驾驶人应当按照驾驶证载明的准驾车型驾驶机动车。所以应当明确：不管是未取得驾驶证驾驶机动车，还是驾驶与准驾车型不符的机动车，两种行为都是违法行为。据国务院法制办公室《关于对〈中华人民共和国道路交通安全法〉及其实施条例有关法律条文的理解适用问题的函》的答复中的第一款规定：驾驶与驾驶证准驾车型不符的机动车，在性质上应当属于无证驾驶。而且，商业保险条款均对"无合法有效驾驶证驾驶"做了除外责任，并进行列明释义，如果发生驾驶与准驾车型不符交通事故，均无法得到赔付。

此外，寿险调查不像车险调查能在案发第一时间接到报案并前往现场进行查勘，一方面是客户方寿险及时报案意识不强，机构铺设不完整，很难第一时间上门调查。但是，寿险案件理赔审核对案件证据材料真实性、完整性要求非常高。单纯靠走访获取证据，一方面耗费较高的人力财力，另一方面不一定能得到完整的证据链材料。所以，一定要有效利用同业资源，并维护好同业资源关系。

第二部分　核保案例解析

第五章   消化系统疾病

常见的消化系统疾病包括肝脏疾病、肠道疾病、胃—食管疾病、胆道系统疾病、胰腺疾病等。在本章节中，选取了核保时较为常见的乙肝小三阳、肝功能异常以及胆结石的典型案例进行探讨。

据世界卫生组织在 2019 年 7 月 28 日的"世界肝炎日"披露，2015 年有2.57 亿人患有慢性乙肝感染（定义为乙型肝炎表面抗原阳性），导致 88.7万人死亡，主要源于肝硬化和原发性肝癌。回顾我国的情况，据国家卫健委疾控局发布的《2018 年全国法定传染病疫情概况》中通报，病毒性肝炎在我 国 境 内 地 区 发 病 率 为 92.1473/100000，其 中 乙 型 肝 炎 为71.9881/100000，在 2018 年当年新增乙肝病例约 100 万元。病毒性肝炎依然是我国法定报告传染病中报告病例数第一的乙类传染病。

对儿童和婴幼儿人群而言，乙肝病毒最常见的传播途径是分娩时的母婴传播（围产期传播）和水平传播（通过接触感染血液）。在出生第一年感染病毒的婴儿中有 80%～90%转为慢性感染；在 6 岁前受到感染的儿童中有30%～50%转为慢性感染。在感染乙肝病毒的健康成年人中，5%的人转为慢性感染；在转为慢性感染的成年人中，20%～30%会发展到肝硬化和（或）肝癌。

在实际核保工作中，遇到有乙肝史的情况并不少见。在本章节中选取了一个典型的乙肝小三阳核保案例进行分析。

转氨酶，即肝酶，是临床上肝功能情况的参考指标。常用的有谷丙转氨酶（ALT），谷草转氨酶（AST），谷氨酰转肽酶（GGT）。在本章节中选取了一个肝功能异常的案例进行分析。

常见的胆道疾病，如胆囊结石、胆囊炎、胆总管结石、胆管炎、胆绞痛等，包括我国在内，全世界的胆结石病例越来越多，除了和诊断技术的改善有关以外，也与饮食变化、肥胖、合并糖尿病、高血脂等慢病有关。据目前的临床病例数据分析，女性患胆囊疾病多于男性，常发病于 40～55 岁。本章节中选取了胆囊结石并胆囊炎和胆总管结石，行胆囊切除术的典型核保案例进行分析。

肝功能异常核保案例

投保信息

年龄：58 岁　　性别：男　　职业：农民　　年收入：10 万元

投保途径：线上投保　　　　投保时间：2019 年 10 月

保险历：无　　投保险种：终身寿险　　　　保额：50 万元

核保原因：告知肝功能异常，转入人工核保评估。

核保思路

根据客户的投保信息，保险公司要求客户提供最近六个月以内的有效体检报告，以作进一步评估，客户提供的体检报告信息如下：

普通体检、静止心电图、尿检、血常规、乙肝表面抗原（HBsAg）、丙氨酸氨基转移酶（ALT）、（门冬氨酸氨基转移酶（AST）、碱性磷酸酶（ALP）、谷氨酰转移酶（r-GT）、空腹血糖（GLU）、糖化血红蛋白，体检结果为：血压临界（140/90mmHg）、肝功能异常（ALT：53u/L；AST：70u/L；GGT：300u/L），乙肝表面抗原 HBsAg：（—）阴性。医生综合意见为：肝功损伤。

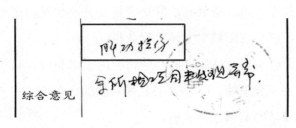

体检结果显示客户血清氨基转移酶高 1.4～2 倍、r-谷氨酰转移酶(GGT)升高至 6 倍，下面将具体分析两项指标异常的临床意义，以及肝功能损伤可能带来的健康风险。

风险解读

1. 血清氨基转移酶的临床意义

(1)急性病毒性肝炎：ALT 与 AST 均显著升高，通常 ALT＞300U/L，AST＞200U/L，ALT/AST＞1。

(2)慢性病毒性肝炎：转氨酶轻度上升或正常，ALT/AST＞1。若 ALT/AST＜1，提示慢性肝炎可能进入活动期。

(3)酒精性肝病、药物性肝炎等非病毒性肝病，转氨酶轻度升高或正常，且 ALT/AST＜1。

(4)肝硬化：转氨酶活性取决于干细胞进行性坏死程度，终末期肝硬化转氨酶活性正常或降低。

(5)AST 也可用于急性心梗的诊断，心肌梗死后 6～8 小时，AST 增高，18～24 小时达到高峰，与心肌坏死范围和程度有关，4～5 天后恢复，若再次增高提示梗死范围扩大或发生新的梗死。

2. r-谷氨酰转移酶的临床意义

(1)胆道阻塞性疾病：可使 GGT 明显升高，可达参考值上限的 10 倍以上。

(2)急性和慢性病毒性肝炎、肝硬化：急性肝炎时，GGT 呈中等程度升高；慢性肝炎、肝硬化的非活动期，酶活性正常，若 GGT 持续升高，提示病变活动或病情恶化。

(3)急性和慢性酒精性肝炎、药物性肝炎：GGT 可呈明显或中度以上升高，ALT 和 AST 仅轻度增高或正常。酗酒者当其戒酒后 GGT 可随之下降。

3. 肝功能损伤

(1)肝功能损伤可以使消化功能减弱，有厌食症状。肝细胞持续受到损害会直接导致消化功能障碍，致食欲减退、厌油、恶心、呕吐等；当肝脏的肝细胞损害，会直接引起转氨酶升高，肝功能不好患者易乏力、易倦、思睡。

(2)肝功能病情进一步加重会出现胆色素代谢异常，造成黄疸、出现蜘蛛痣、肝掌、脸色黝黑；严重时导致腹水、胸水等症状；还会导致整个机体紊乱，造成皮肤粗糙、夜盲、唇舌炎症、浮肿、皮肤流血、骨质疏松等症状；以及会导致牙龈出血、鼻出血、性欲减退、月经失调等症状。

核保结论

从体检报告可以看出该客户肝功能明显异常，AST 升高 1.75 倍，GGT(300)升高 6 倍，具体原因不明。综合风险解读分析，肝功异常可能导致客户后期发生严重身体健康损伤，当前无法准确判断，故予以延期受理。

核保启示

核保人员首先应确定肝酶异常的潜在病因，判断这些肝功能异常是由内因还是外因导致，常见的判断标准如下：

1. 不伴有 ALT 变化的 AST 升高，表明损伤为肝外因素所致；

2. AST 升高超过 ALT 升高提示可能存在酒精滥用或纤维化、肝硬化；

3. 不伴有 GGT 改变的 ALP 升高提示病因可能为骨源性；

4. GGT 升高伴有 ALT 和(或)AST 升高，其中 GGT 显著升高，多提示有胆汁淤积、酒精滥用或依赖、服用肝酶诱导剂或其他；

5. GGT 升高伴有红细胞平均容积(MCV)升高和(或)高密度脂蛋白胆固醇(HDL)升高提示有酒精滥用；

6. 肝酶中一项异常且胆红素升高表明患者有肝胆疾病。

寿险和重疾险可参考以下评点，并结合再保医学核保手册进行评估，做延期或者加费处理；医疗险则建议做次标准体处理并需除外"肝脏疾病及其并发症"。

	ALT/AST HBW	Nomal	1.1~1.3X	1.4~2X	2.1~3X	>3X
LIFE	HBsAG(＋)HBeAg(－)	0/25	25/50	100/100	Decline	
	HBsAG(＋)HBeAg(＋)	75	100	150	200	Decline
DD	HBsAG(＋)HBeAg(－)	25/50	75/100	100/150	150	Decline
	HBsAG(＋)HBeAg(－)	100	150	Decline	Decline	Decline

注：

1. 适用于乙肝流行地区，包括中国。

2. 无临床症状、AFP升高、超声检查异常、肝硬化检查指标等其他乙肝相关表现。

3. 女性适用较低评点，男性适用较高评点；有强家族史，尤其家族成员早年因肝癌或者肝硬化身故，适用较高评点。

4. 若已接受抗乙肝病毒治疗，但疗效不佳，仍有反复发作，应考虑不承保。

5. 评点时还需注意其他可能加重肝脏损害的因素，例如饮酒、使用有肝脏损害的药物等，并注意相关指标的异常。

乙肝小三阳核保案例

投保信息

年龄 36 岁　　　性别：女　　　职业：教师　　　年收入：15 万元

投保途径：线上投保　　　　　投保时间：2019 年 12 月

投保险种：重大疾病保险　　　保额：30 万元

核保原因：2019 年 8 月体检时查出乙肝小三阳，转入人工核保评估。

核保思路

由于案件来源于健康情况不符合线上承保条件转人工核保的，具体病史资料并未提供，因此核保要全面了解客户健康状况，有无因乙肝小三阳进行门诊或住院治疗等情况，就需要客户补充提供既往完整的体检报告，如有就医，也需要客户一并提供完整诊疗病历资料，包括门诊病历、住院病历和院内的各项检查、出院小结以及后续复查病历等(注：如考虑客户不一定能够提供核保需要的完整资料，可以要求客户同步填写《肝炎疾病问卷》)。

根据要求，客户提供了 2019 年 8 月的体检报告，并告知未经过治疗，同时否认乙肝家族史。

体检项目：乙肝两对半、血常规、乙型肝炎病毒(HBV-DNA)定量检测报告、腹部 B 超、肝功能。

异常项目：乙肝表面抗原(HBsAg)：阳性(＋)，乙肝 e 抗体(HBe-Ab)：阳性(＋)，乙肝核心抗体(HBcAb)：阳性(＋)，(俗称乙肝小三阳)；总蛋白(TP)86.1↑(65-85)。

超声：肝内小囊肿。

其他项目：检查结果未见异常。

风险解读

1. 哪组乙肝五项异常项目是核保需要关注的？本案的异常结果属于哪个组？

乙肝五项是检测患者是否感染乙肝的常用方法，不同组合(异常项目)提示不同的乙肝感染现状和转归，比较常见是"大三阳"和"小三阳"两组。

通过对比，可以判定本案客户的异常结果属于小三阳。

2. 乙肝小三阳对健康状况有什么影响？

序号	HBsAg	HBsAb	HBeAg	HBeAb	HBcAb	临床意义
1	＋	－	＋	－	＋	乙肝大三阳，有传染性。
2	＋	－	－	－	＋	急性乙肝感染阶段或者是慢性乙肝表面抗原携带者，传染性弱。
3	＋	－	－	＋	＋	乙肝小三阳，病毒复制减弱，传染性弱，可长时间持续此状态，也可转变为慢性活动性肝炎。

续表

序号	HBsAg	HBsAb	HBeAg	HBeAb	HBcAb	临床意义
4	−	+	−	−	+	既往感染过乙肝，现在仍有免疫力，属于不典型恢复期，也可能为急性乙肝感染期。
5	−	−	−	+	+	既往有乙肝感染，属于急性感染恢复期，少数人仍有传染性。
6	−	−	−	−	+	既往有乙肝感染或现在正处于急性感染。
7	−	+	−	−	−	既往打过乙肝疫苗或以前感染过乙肝。
8	−	+	−	+	−	既往感染过 HBV，已清除，且出现了保护性抗体。
9	+	−	−	−	−	急性感染早期或者慢性乙肝表面抗原携带者传染性弱。
10	+	−	−	+	−	慢性乙肝表面抗原携带者易转阴或者是急性感染趋向恢复。
11	+	−	−	−	−	早期乙肝感染或者慢性携带者，传染性强。
12	+	−	+	+	+	急性乙肝感染趋向恢复或者为慢性携带者。

　　上表简单展示了不同组合乙肝感染的现状和转归，以及粗略估计体内病毒复制水平。从临床意义来看，"乙肝大三阳"与"乙肝小三阳"的重要区别在于大三阳传染性极强，小三阳传染性相对较弱。但是不能片面的按传染性来判定"小三阳"和"大三阳"的疾病预后好。

　　无论是"乙肝大三阳"还是"乙肝小三阳"，其实都只是机体感染乙肝病毒后免疫应答结果的反映，与乙型肝炎的发生和发展过程并无必然的联系。绝大部分 HBV 感染者并不出现肝炎症状，而只是表现为携带者；如果只是携带者，意味着病情相对稳定，通常没有明显的肝脏功能损害，可以从事正常的工作、学习任务；如果是慢性活动性乙型肝炎或者肝硬化，就必须进行专科治疗。病情轻重程度取决于肝脏功能的各项指标、肝脏影像学检查结果和肝脏组织病理检查结果等指标，传染性大小要看血中乙肝病毒载量。因此，对于不同的个案，需要个案分析，首先明确病毒是否阳性（即 HBV-DNA 是否阳性），肝功是否正常，肝脏影像检查是否有肝纤维化甚至肝硬化征象等。如果"乙肝小三阳"合并有肝功异常，DNA 阳性时，也需要及时积极治疗。

3. 该客户其他相关检查结果对核保的影响？

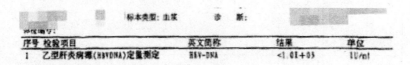

（1）肝炎病毒定量检验结果采用科学计数法表示，如结果为 5.2E＋04U/ml 表示病毒量为 5.2×10^4 U/ml。

（2）HBV-DNA＜1.0E＋03：a. 病毒浓度为 0，未感染，b. 病毒浓度很低，未达到检测下限，一般认为传染性小。

（3）＞1.0E＋08：病毒浓度较高，超出检测上限。

（4）COPIES/ml 与 IU/mo 的关系：该检测试剂为 1：1。

该客户的乙型肝炎病毒（HBV-DNA）定量测定结果为"＜1.0E＋03"，根据以上检测说明，提示该客户肝炎病毒浓度很低，传染性小；肝功能检验结果仅总蛋白（TP）86.1↑（65—85）略高于标准范围，其他指标均在正常范围；说明该客户目前无明显肝功能受损的表现；肝脏 B 超：肝实质内见大小约 0.8cm 无回声，影像学特征明显，与超声报告：肝内小囊肿相符，因而肝内小囊肿与小三阳无明显相关性。

核保结论

据以上分析，影响该客户核保评估的主要风险：乙肝小三阳，肝内小囊肿，但肝内小囊肿与乙肝小三阳无明显相关性，影像学表现为良性，且体积较小，无须理会。肝功能没有明显受损表现，参考再保，乙肝小三阳仅体检发现，无治疗史，重大疾病险评点：EM＋25％加费承保。

核保启示

1. 核保关注

由于乙肝病毒感染的自然转归不仅取决于乙肝五项，同时受感染途径、感染后免疫应答和机体对病毒抵御能力和损害程度以及人为治疗干预均高度相关，因此对于乙肝病毒感染风险的审核，除了关注乙肝两对半的检查结果，对于有阳性指征的客户，还需结合肝功能、乙型肝炎病毒（HBV-DNA）定量测定，以及肝脏 B 超和肝脏组织病理等专科检查结果，以及临床诊断、治疗方案等综合评估的同时，还需要结合客户的整体健康状况给予合理的承保条件。

2. 健康提醒

炎症反复存在是慢性乙型肝炎患者进展为肝硬化甚至肝癌的重要因素。有研究表明，有 5%～10% 的慢性乙肝感染者会发展为肝癌。男性大于女性，且年龄大者、ALT 持续升高、HBV-DNA 高、嗜酒、肥胖者发生率更高。慢性乙型肝炎有 30% 概率会转化为肝硬化，肝硬化患者肝癌年发生率达 3%～6%。所以，慢性肝炎的核保需综合考虑各方面因素。对于乙型肝炎病毒携带者的投被保险人，应做健康提示：保证足量的蛋白质摄取，戒烟戒酒等。

胆囊切除核保案例

投保信息

年龄：53　　　性别：男　　　职业：农民　　　年收入：10 万元
投保途径：线上投保　　　　　投保时间：2019 年 3 月
投保险种：重大疾病保险　　　保额：10 万元
核保原因：既往因胆囊疾病有过两次住院，转入人工核保评估。

核保思路

客户职业为农民，年收入 10 万元，保额 10 万元，综合客户职业、年收入情况不影响核保结论。

客户告知几年前因胆囊疾病有过两次住院，就以上告知内容，核保需了解住院时间，医生的明确诊断、两次住院的原因，是否有手术、术后病理检查报告及预后情况。

核保人下发函件调取两次住院病历资料，详细信息如下：

第一次住院病历：2016年12月20日至31日因上腹部正中间位置间断性疼痛就诊，于2016年12月26日行"经内窥镜逆行胰胆管造影术＋经十二指肠镜胆道结石取出术＋经内镜鼻胆管引流术"。经过内窥镜术后抗菌消炎等治疗，于2016年12月30日全麻下行腹腔镜胆囊切除术，术后快速冰冻病理诊断：(胆囊)考虑慢性炎症伴结石形成，待常规石蜡切片进一步诊断。2017年1月3日石蜡病理诊断(胆囊)慢性炎症伴结石形成。第一次住院医术后病理已明确诊断为胆囊结石并胆囊炎、胆总管结石并胆管炎。结合第一次出院记录及医嘱描述"因医保跨年需结账出院，今给办理出院，于明日再办理入院"。客户于2017年1月3日至16日办理第二次入院，继续术后对症治疗，并继续进行术后复查。由此，可以考虑为一次住院一种疾病的治疗。

第二次住院病历：复查腹部超声示胆囊切除术后，胆囊窝液性暗区。胆囊手术后胆道造影复查正常，复查的血检报告示轻度的肝功能异常，血清淀粉酶检查异常。第二次住院期间对症治疗后诊断为胆囊结石并胆囊炎，胆总管结石并胆管炎，胰腺炎，出院医嘱要求一个月后复查。

以上两次住院病历及检查资料已完整提供，但根据就诊信息，核保需了解预后情况，客户未提供后续复查资料。为此，核保需继续下发问题件了解预后情况：胰腺炎有无复发，目前有无不适症状，并要求客户提供后期复查资料。

客户告知此次住院出院后无再复发，且目前无不适症状，并提供了近期复查的血清淀粉酶、肝功能检查报告均无异常。

风险解读

本案被保险人因胆囊结石并胆囊炎，胆总管结石并胆管炎行胆管取石术及胆囊切除术。胆囊切除后可能出现一系列术后综合征，如胆管内结石残留或者重新出现；手术引起狭窄或缩窄；慢性肝脏或胰腺疾病。如果切除胆囊后仅表现为餐后暂时性不适，则认为症状轻微；如果出现胆绞痛，伴有恶心和呕吐，发热，黄疸，或者必须住院治疗以缓解临床症状的，则为症状明显。症状明显的，需同时参考肝功能现状。

分析：本案被保险人两次住院病历资料较完整，胆囊切除术后病理良性且复查正常，胆总管结石取出手术顺利且术后检查取石干净，目前未诉不适症状。

本案被保险人第二次住院诊断胰腺炎。胰腺炎：(1)急性胰腺炎，会导致水电解质及酸碱失衡，患者有不同程度的脱水，频繁呕吐者可发生代谢性碱中毒，重症胰腺炎常伴有代谢性酸中毒、低钙血症、血糖升高、低血钾、低血镁。(2)慢性胰腺炎，会导致胰腺功能不全，不同程度的消化不良症状如腹胀、纳差、厌油、消瘦、脂肪泻等；半数患者因为内分泌功能障碍发生糖尿病。

分析：本案中胰腺炎的诊断，根据病史可考虑胰腺炎与胆囊疾病相关，存在一定的因果关系，故本案在对胰腺炎进行评点时需结合胆囊疾病进行综合评估，如无明确的原发病因可按照胰腺炎进行综合评点。

核保结论

53岁男性，保险计划合理，2016年12月因胆囊结石并胆囊炎、胆总管结石并胆管炎、胰腺炎住院行胆管取石及胆囊切除术。考虑胰腺炎为胆源性可能大，胰腺炎后续无复发，病史已2年，且客户提供近期的复查资料无异常，结合投保险种及预后情况，参考再保评点建议，重疾予以标体承保。

核保启示

对于胆囊切除术，首先需了解胆囊切除的原因，术后病理结果。其次需重点关注术后可能引起的一系列的胆囊切除术后综合征，肝功异常，胰腺炎，血糖紊乱，复发性胆道内结石等。本案中胰腺炎的诊断根据病史可判断为胆源性(急性)胰腺炎，有明确病因的可按照原发病进行评点；如无明确的原发病因须按照胰腺炎进行综合评点。

风险关注点1：被保险人告知有两次住院记录，审阅病历资料时需关注资料是否齐全，并且关注两次住院病历中检查异常的部分、手术记录及术后病理报告。

风险关注点2：本案中被保险人胆囊切除后，出现胰腺炎的症状，需关注胰腺炎的原因、治疗及预后情况。

第六章　代谢与内分泌系统疾病

常见的代谢与内分泌系统疾病包括垂体功能减退症、甲状腺疾病、肾上腺皮质疾病、糖尿病、肥胖症以及痛风等。在本章节中，选取了核保时较为常见的超重肥胖、高血糖以及甲状腺结节的典型案例进行探讨。

据国际医学杂志《柳叶刀》在 2019 年发布的数据，我国约有 9000 万肥胖人群，其中 1200 万属于重度肥胖，居全球首位。超重和肥胖不仅会影响心脏的正常结构和功能，同时也是糖尿病、心血管疾病及其他代谢性疾病和肿瘤的潜在危险因素。据《柳叶刀》的研究数据显示，肥胖可能会增加 62% 的子宫癌风险，以及 31% 的胆囊癌风险和 25% 的肾癌风险。同时，儿童和青少年的肥胖发生率近年来呈增加态势。在核保中，遇到有体重异常，尤其是超重、肥胖的情况愈发常见。在本章节中选取了一个典型的超重肥胖核保案例进行分析。

临床上与血糖异常相关的病症，除了糖尿病外，还有低血糖、空腹血糖受损(IFG)、葡萄糖耐量降低(IGT)、代谢综合征等，都属于葡萄糖代谢异常。葡萄糖耐量即为人体对葡萄糖的耐受能力。葡萄糖耐量降低(IGT)是指口服一定量葡萄糖后，血糖超过正常水平但是未达到糖尿病诊断标准，是介于糖尿病与正常人之间的一种中间状态。空腹血糖受损(IFG)是糖尿病发病前状态，即空腹血糖水平高于正常，但低于糖尿病诊断的下限。糖耐量降低患病率在我国大约为 7%，空腹血糖受损患病率在我国估计为 7%～14%，两者都与年龄呈现正相关。据估计，高达 50% 的糖耐量降低人群在十年内会发展为糖尿病。并且，出现葡萄糖代谢异常后，无论是否最终确诊为糖尿病，其心血管疾病死亡率均较高。本章节选取了一个典型的高血糖核保案例进行分析。

常见的甲状腺疾病包括甲状腺肿、甲亢、甲状腺炎症、甲状腺肿瘤等。据估计，约40％的成年人存在B超可检测到的甲状腺单发结节。并且，多数甲状腺结节都是腺瘤，是无功能性(核素扫描检查时为"冷结节")且为多发性结节。少数可为功能强的毒性腺瘤(核素扫描检查时为"热结节")。在本章节中选取了一个典型的甲状腺结节核保案例进行分析。

超重肥胖核保案例

投保信息

年龄 31 岁　　性别：男　　职业：一般内勤　　年收入：10 万元

投保途径：线上投保　　　　投保时间：2019 年 10 月

投保险种：重大疾病保险　　保额：30 万元

核保原因：最近三个月内体重变化超过 5 千克，转入人工核保评估。

核保思路

根据被保险人的告知情况，保险公司要求提供被保险人半年以内的体检报告，客户按要求提供了 2019 年 8 月的体检报告。

体检项目包括：普通体检、静止心电图、尿检、血常规、肝功能、肾功能、腹部 B 超(肝胆胰脾肾)、血糖(GLU)、甲胎蛋白(AFP)、癌胚抗原(CEA)、胆固醇(CHO)、甘油三酯(TG)、胸透，报告结果如下：

• 普通体格检查：体重指数 BMI：29.6↑；血压 BP：141/85↑；

• 心电图：异常，为单纯室早，没有二联律、三联律等表现；

• 尿酸：459↑（正常范围：男性 149～416umol/L；女性 89～357umol/L）；

• 甘油三脂：1.88↑（正常范围 0.45～1.7mmol/L；1.7～2.25mmol/L 为边缘升高；高于 2.25mmol/L 为甘油三酯升高）；

• 其余检查结果未见明显异常。

存在的风险点主要有体重指数超标、尿酸高、甘油酸酯边缘升高、心电图异常(室性早搏、顺钟向摆位)。

风险解读

1. 体重指数超标

(1)肥胖的诊断标准

• 体脂率＝脂肪重量/体重，较为准确，但对测量条件和成本都有一定要求，主要在医院、健身房等专业领域使用。

• BMI 指数＝体重/身高^2（kg/m^2），为常用测量方式，除部分特殊人群(如未成年人、孕妇等)，大部分成年人皆可使用，而且简单易操作，保险公司也通常用作核保参考。一般 BMI 小于 18.5 即为"消瘦"；大于等于 18.5 且小于 24 为"正常"；大于等于 24 且小于 28 为超重；大于等于 28 为肥胖。但在实际核保中，一般 BMI 在 26～32 之间就有可能被保险公司定义为"肥胖"。

(2)肥胖所导致的相关疾病

(3)代谢方面的变化

与肥胖有关的病情和并发症包括糖尿病、高脂血症、高血压、冠心病、中风、呼吸困难、睡眠窒息、胆结石、食管裂孔疝、骨关节炎、背扭伤、静脉曲张。肥胖后由于胰岛素分泌异常及对胰岛素敏感而对血糖和血脂产生影响。肥胖病患者因胰岛素分泌增加及胰岛素抵抗力增加，易患糖尿病、高血脂、胆结石、高脂蛋白血症及心血管病。肥胖症患者脂肪组织中胆固醇贮存多，因此体内总胆固醇增加：胆汁中胆固醇排泄量也增加，导致胆结石发病率上升。同时，胖人血中甘油三脂增高，易诱发和加重动脉粥样硬化和冠心病。

肥胖人群很多习惯进食高蛋白质食物，可有嘌呤代谢紊乱。嘌呤基代谢产物尿酸自肾脏排出，当体内尿酸产生过多，可在关节缔组织沉积而成痛风结石。

由上述资料及风险概述显示，被保险人今后罹患相关疾病的风险较大，且该客户此次体检结果中的血压、尿酸及甘油三酯的指标已异常。

(4)再保评点意见

• 中再(体格表—成人—东方)

肥胖的评点需要通过体格表进行计算，在输入了被保险人的体重指数、年龄等后，评点结果显示是＋75。

• 通用再(心血管 CVD 计算器)

通用再是采用心血管计算器协助评点，计算器中输入被保险人的年龄、性别、身高、体重、BMI、血压、血脂、血糖，后就可以得到评点表。从结果中可以看到，对于重疾险是＋25。

不论是使用中再(体格表—成人—东方)进行计算，还是通用再(心血管 CVD 计算器)，在输入被保险人的基本信息后(年龄、性别、身高、体重、血压等)，再保意见皆指向"加费"。

2. 室性早搏

正常心率和心律是由位于右心房的窦房结控制。窦房结发出电脉冲，引起心房收缩，然后经过房室结，沿左、右希氏束，激活心室收缩。有多种疾病导致窦房结以外的异位起搏点提前发生的冲动，称为期前收缩或过早搏动。按异位激动起源部位不同，将期前收缩分为房性、房室交界性及室性三种。临床上以室性期前收缩最为常见，房性期前收缩者次之，交界性期前收缩少见。室性期前收缩是指心室产生冲动，常见于心脏健康者，并无大碍。但也可能与心肌梗死、高血压、甲状腺疾病、心肌病、二尖瓣紊乱、低血钾、缺氧、咖啡因或酒精摄入过量、压力和心肌炎有关。对于大多数病例来说都无症状，如有症状，则包括：心悸、胸部或颈部不适、呼吸困难、头晕、心排血量减少引起的晕厥、疲劳等。一般需要行心脏超声测定心室功能和心脏结构，以及 24 小时 Holter 监护仪来测定早搏的频率和次数等，来检查疾病的严重性质。对于期前收缩一般无须治疗，除非有症状和/或有潜在心脏疾病或其他病因，治疗手段包括减少咖啡因或酒精的摄入量、β-受体阻滞药或钙通道阻滞剂、异位病灶导管消融、治疗病因。预后上，房性期前收缩通常无大碍，除非频繁发病并且出现症状。室性期前收缩患者如果无心血管疾病，则无大碍。多源性室性期前收缩可能与潜在心脏疾病有关。其中，如果室性期前收缩超过每分钟 6 次或一组 3 次以上，则风险增高。

中再对于室性期前收缩的评点，主要取决于平均每分钟室早的次数、是有相关病史还是偶然发现，且无心血管疾病基础和相关症状。对于每分钟早搏次数大于等于 5 次的就需要进行加费。

被保险人做了心电图提示室性早搏和顺钟向摆位，且无二联率、三联率出现，呈窦性心律。心电图中未能体现其早搏的次数，另外也并无心脏病史、器质性异常的告知。

3. 顺钟向摆位

顺钟向摆位是心电图的术语，做心电图时胸壁上要放 6 个皮球，医学上叫 V1，V2，…，V6。其图形的出现是有一定规律的。观察是否转位，是规定人站在病人脚头的位置观察，如果 V1-3 的图形在 V4-6 的位置出现，就叫顺钟向转位，反之就叫逆钟向转位，这个在心电图上的意义要根据其他的情况综合判断，不能作为一个单独的诊断标准。

心电图钟向转位可分为顺钟向转位和逆钟向转位，其中在病理状态下，左心室肥大时可出现逆钟向转位，右心室肥大时可出现顺钟向转位。正常人由于先天因素或体形因素可能出现心电图上的逆钟向转位，因此不能根据心电图上的顺或逆钟向转位表现做出心室肥大的诊断，而是要结合其他资料做出判断。

核保结论

综上所述，对于超重、肥胖对机体代谢的影响需要重点评点，以及将来罹患各种疾病的风险。针对此案，核保意见：

被保险人体检结果：BMI29.6超重，BP141/85升高，尿酸及甘油三脂升高，目前血糖正常，肝脏超声未见异常，参考中再手册评点，年金险标体通过，重疾加费承保。

核保启示

实际投保而言，没有达到体检标准的客户如果体重过高，总会在健康告知上虚报加以掩饰，造成核保结论的不真实，这需要核保人员仔细结合其他指标(血压、血糖、血脂等)进行考虑和分析。

超出正常体重20%以上即为肥胖，对肥胖的被保险人要分清单纯性和继发性肥胖，单纯性肥胖主要是由营养超标、运动不足、心理行为等造成的。本质上是饮食摄入的热量超过了身体消耗的热量。还有如果从小就很胖，再排除遗传和家族疾病的可能性后也属于单纯性的肥胖，单纯性肥胖占到总肥胖比例的95%；有时肥胖继发于其他生理紊乱，例如遗传综合征、甲状腺功能减退、柯兴氏综合征、由外伤或肿瘤造成的下丘脑损伤等。其中神经内分泌系统的疾病，占到5%比例。同时结合其他资料，如家庭史、实验室检查结果、血脂、血糖、血压、心电图、肝脏超声等，这样才能对肥胖的被保险人的预后、转归等做出客观分析，从而进行科学、公正的评点。

对于心电图显示期前收缩的情况，应综合考虑被保险人的既往病史、是否存在健告范围内胸闷、气急等症状。对于明显异常，且已存在基础病史、考虑为病理因素情况的，应请被保险人进一步提供资料，协助评点。

高血糖核保案例

投保信息

年龄：59岁　　性别：女　　职业：农民　　年收入：12万元

身高：155厘米　　　　体重：70千克

投保途径：线上投保　　投保时间：2019年10月

投保险种：终身寿险　　保额：10万元

核保原因：告知存在糖尿病史，转入人工核保评估。

核保思路

根据被保险人的告知情况，保险公司对其下发了体检要求，体检项目包括：普通体检、静息心电图、尿检、血常规、乙肝表面抗原（HBsAg）、丙氨酸氨基转移酶（ALT）、门冬氨酸氨基转移酶（AST）、碱性磷酸酶（ALP）、谷氨酰转移酶（r-GT）、空腹血糖（GLU）、高密度脂蛋白（HDL）、胆固醇（CHO）、甘油三酯（TG）、腹部B超（肝胆胰脾肾），体检结果如下：

BMI29.1、空腹血糖14mmol/L、尿糖3＋，甘油三酯1.86mmol/L，总胆固醇6.16mmol/L、心电图显示T波异常。

由体检报告可以看出，此案主要风险点在于老年女性，血糖高，尿糖异常，且心电图示T波异常，血脂偏高。

风险解读

糖尿病是由多种病因引起的以慢性高血糖为特征的代谢紊乱。高血糖是由于胰岛素分泌或作用的缺陷，或者两者同时存在而引起。除碳水化合物外，尚有蛋白质、脂肪代谢异常。久病可引起多系统损害，导致眼、肾、神经、心脏、心血管等组织的慢性进行性病变，引起功能缺陷及衰竭，病情严重或应急时可发生急性代谢紊乱。

1. 各类型糖尿病

1型糖尿病：由于胰岛B细胞破坏，引起胰岛素绝对缺乏。多幼年发病，起病急，症状明显且严重，易发生酮症酸中毒，需用胰岛素治疗。

2型糖尿病：有不同程度的胰岛素抵抗和胰岛素分泌不足。占糖尿病患者中的90％左右。中、老年起病，近年青年人亦开始增多，肥胖者多见，常伴血脂紊乱及高血压等并发症。多数起病缓慢，半数无任何症状，在筛查中发现，发病初大多数不需用胰岛素治疗。

妊娠期糖尿病：妊娠糖尿病是先前无糖尿病的妇女在孕期开始出现或首次发现的。通常在怀孕第24～28周表现明显。许多患者在分娩后血糖水平恢复正常。30％～50％具有妊娠糖尿病病史的妇女在10年内会发展为2型糖尿病。

特殊类型糖尿病：包括 β 细胞功能的遗传缺陷、胰腺外分泌病变、内分泌腺病、药物或化学诱导等八个亚型。

2. 实验室检查

(1)尿糖检查

尿糖阳性是诊断糖尿病的重要线索，但尿糖阴性不能排除糖尿病的可能。并发肾小球硬化症时，肾小球滤过率降低，肾糖阈升高，此时虽血糖升高，而尿糖呈假阴性。反之，如肾糖阈降低，虽血糖正常，尿糖可呈阳性。

(2)血葡萄糖测定

血糖升高是目前诊断糖尿病的主要依据，血糖测定又是判断糖尿病病情和控制情况的主要指标：

空腹血糖：正常为 3.9～6.1mmol/L

餐后 2 小时血糖：正常＜7.8mmol/L

空腹血糖调节受损：空腹血糖在 6.1～7.0mmol/L

糖耐量减低：空腹血糖正常，餐后 2 小时血糖在 7.8～11.1mmol/L

糖尿病：空腹血糖≥7.0mmol/L 和/或餐后 2 小时血糖≥11.1mmol/L

(3)糖化血红蛋白(HbA1C)

反应抽血前 1～2 个月的平均水平，用于监测血糖控制水平：

4%～6%：血糖控制正常

6%～7%：血糖控制比较理想

7%～8%：血糖控制一般

8%～9%：控制不理想，需加强

＞9%：血糖控制很差，可引发糖尿病肾病、动脉硬化、酮症酸中毒等

核保结论

客户空腹血糖 14mmol/L、尿糖 3＋，且心电图示 T 波异常，考虑糖尿病并发症导致的心电图改变，表明糖尿病控制不良且有心脏的合并症出现，健康风险较高，本案做拒保处理。

核保启示

糖尿病会导致多种慢性并发症，在核保环节，可结合被保险人的体检

报告综合考虑被保险人罹患慢性并发症的可能性，并结合被保险人的日常血糖控制情况，进而评估投保风险。常见的慢性并发症有：

1. 血脂异常：高脂血症、高胆固醇血症。

2. 心脑血管疾病：高血压、冠心病、脑血管病。

3. 眼病变：视网膜病变、青光眼、白内障。

4. 肾脏病变：出现尿蛋白、肾小球硬化症、肾小球肾病、肾动脉硬化症、肾衰。

5. 神经病变：局灶性病变、弥漫性病变、周围神经病变、自主神经病变、运动神经病变。

甲状腺结节核保案例

投保信息

年龄：41 岁　　　性别：女　　　职业：一般内勤　　　年收入：15 万元

投保途径：线上投保　　　　　投保时间：2019 年 6 月

投保险种：重大疾病保险　　　保额：10 万元

核保原因：体检时发现甲状腺结节，转入人工核保评估。

核保思路

客户提供了 2018 年 10 月公司组织的体检报告，报告中显示客户右侧甲状腺结节(低回声，3mm×3mm，边界清晰，周围未见血管环绕)。

由于体检报告与投保时间相隔较长，无法判断客户甲状腺结节的生长情况，为掌握客户当前的健康状况，2019 年 6 月，保险公司对客户下发了体检通知函，体检项目：普通体检、静止心电图、尿检、妇科检查、甲状腺功能、甲状腺 B 超。

检查结果异常如下：

甲状腺功能：TSH 5.17(0.35～4.94Uiu/mL)升高；

甲状腺 B 超：甲状腺双叶结节(低回声结节，左叶 3mm×2mm、右叶 3mm×3mm、结节周围有血管环绕)。

　　从前后两次体检结果对比来看：2018 年 10 月甲状腺 B 超为单侧结节，本次体检发展为双侧甲状腺结节。右侧甲状腺结节大小虽无明显增大趋势，但结节周边有血管环绕，且甲状腺功能异常，下面我们将对甲状腺结节做进一步风险解读。

风险解读

　　甲状腺结节是指在甲状腺内的肿块，可随吞咽动作随甲状腺而上下移动，是临床常见的病症，可由多种病因引起。甲状腺结节的大小、位置、质地、功能及其临床意义各有不同。临床上有多种甲状腺疾病都可以表现为结节。甲状腺结节可以单发，也可以多发，多发结节比单发结节的发病率高，但单发结节甲状腺癌的发生率较高。

　　常见的原因有缺碘、高碘和放射性损伤等，在众多良性结节中约 5％～15％为甲状腺癌。

核保结论

　　从两次的体检报告(2018 年 10 月、2019 年 6 月)对比结果来看，较之前新增一个左叶甲状腺低回声结节，结节周边有血管环绕，且甲状腺功能出现异常(TSH 升高)。考虑甲状腺结节有发展趋势，风险不明确，结合此次投保的险种为重大疾病保险，故延期 1 年后再投保。

核保启示

　　甲状腺结节的风险在于是否存在癌变或癌变风险，即使是良性的结节也应该定期随访，大的结节可引起压迫症状。

　　针对甲状腺结节，应了解其发病时间、检查方法、治疗手段和效果、甲状腺功能、癌变风险等因素。常见检查方法有：血清 TSH(促甲状腺素)、甲状腺超声、甲状腺核素扫描、甲状腺针吸细胞学检查(FNAC)。

　　未治疗，且非可疑恶性，除外甲状腺癌及转移癌后，标准承保寿险和重疾险；高度可疑恶性的应延期承保；已经手术切除，并证实为良性，可标准体承保寿险和重疾；已经明确诊断为恶性的，按照甲状腺癌评点。

第七章　呼吸系统疾病

　　常见的呼吸系统疾病包括支气管扩张、支气管哮喘、肺炎、肺结核、肺气肿以及肺癌等。在本章节中，选取了核保时较为常见的支气管扩张和支气管哮喘的典型案例进行探讨。

　　支气管扩张症(简称支扩)是一种常见的慢性呼吸道疾病，病程长，病变不可逆转，由于反复感染，广泛性支扩严重损害患者肺组织和功能，严重影响生活质量，造成沉重的社会经济负担。在我国，粗略推算，约1.2%(135/10811)居民报告曾被诊断为患有支气管扩张症。但是，由于患者认识不足、不重视；症状常见，易误诊、漏诊；基层医院缺乏简单、准确、非侵入性普查手段(如 HRCT、高分辨率 CT)，支气管扩张常常被当作慢阻肺来处理，实际患病率应高于统计的数据。对核保人员而言，除了掌握核保手册上给出的评点意见外，全面了解支扩的评点要素、风险因素也十分重要。

　　哮喘又名支气管哮喘，是一种以阵发性支气管气道的阻塞为特征的慢性炎症性疾病。往往是响应于一个或多个触发因素(气候转变、烟草、精神因素等)引起急性炎症和支气管收缩。2019 年，《柳叶刀》发表了中国肺部健康(CPH)研究组的一项重要成果。文章指出了我国严峻的哮喘疾病负担——我国哮喘的总患病率为 4.2%，约有 4570 万成人哮喘患者，其中逾70%未确诊，过敏性鼻炎和烟草是重要危险因素。另外，哮喘的患病率随年龄增长而增加。我国 20～29 岁的人群患病率为 2.2%，30～39 岁为2.9%，而 40 岁及以上的人群的患病率为 5.4%，70 岁及以上则高达7.4%。对于儿童和青少年人群，情况亦不容乐观。数据显示，我国城市儿童哮喘的患病率达 3.02%，增幅高于发达国家同期水平。

支气管扩张核保案例

投保信息

年龄 40 岁　　　性别：女　　　职业：一般内勤　　　年收入：10 万元

投保途径：线上投保　　　　　咨询时间：2019 年 4 月

保险历：无　　　　　　　　　投保险种：终身寿险、重大疾病保险

咨询内容：客户自述 2018 年 7 月曾有过住院经历，目前已经痊愈，希望了解住院经历是否会对其投保产生影响。

核保思路

客户自述 2018 年 7 月出现发热及咳痰症状，并出现了呼吸困难，因此住院接受治疗，时间为 8 天。出院诊断为：支气管扩张并感染、呼吸衰竭、糖耐量异常。住院期间异常检查报告有：

空腹血糖：8.05mmol/L，糖化血红蛋白 7.5％；

尿常规检查：隐血 3＋Ery/uL，红细胞 103/uL；

心电图结论：不完全性右束支阻滞；

胸部 CT：支气管扩张合并感染，左肺多发细支气管炎，肺气肿，左肺背侧胸膜局部增厚。

根据客户病史中记载有发热及咳痰症状、并出现了呼吸衰竭，所以倾向于重度支气管扩张症。

同时，客户告知其在 2016 年和 2018 年的胸片检查中发现的情况：2016 年胸片检查显示支气管扩张合并感染，左肺多发细支气管炎，肺气肿，左肺背侧胸膜局部增厚；2018 年胸片检查显示左肺索条影、肺气肿。根据客户两次的胸片结论，为单侧受累，可推断非先天性异常造成的支气管扩张症。

另外，从其余异常检查报告中可以看出，客户空腹血糖 8.05mmol/L、糖化血红蛋白 7.5％，需考虑糖尿病可能性；隐血 3＋Ery/uL，红细胞 103/uL，可判定为重度血尿，需要进一步明确病因；不完全性右束支阻

滞，不全阻滞较常见，通常不影响核保，但是可发展成完全性右束支传导阻滞，对于 50 岁以上的投保人，要注意心脏疾病的诊断。

风险解读

1. 支气管扩张的病因、临床表现及预后情况

支气管扩张是由于支气管及其周围肺组织慢性化脓性炎症和纤维化，使支气管壁的肌肉和弹性组织破坏，导致支气管变形及持久扩张。典型的症状有慢性咳嗽、咳大量脓痰和反复咯血。主要致病因素为支气管感染、阻塞和牵拉，部分有先天遗传因素。患者多有麻疹、百日咳或支气管肺炎等病史。

支气管扩张导致黏液分泌物淤滞并出现频发感染。感染可造成支气管的进行性破坏，最终导致小支气管和肺泡的纤维化。

支气管扩张的主要诱发因素为支气管—肺组织的感染和支气管阻塞感染引起管腔黏膜的充血、水肿，使管腔狭小分泌物易阻塞管腔，导致引流不畅而加重感染；支气管阻塞引流不畅会诱发肺部感染。故两者互相影响促使支气管扩张的发生和发展。先天生发育缺损及遗传因素引起的支气管扩张较少见。

临床表现为慢性咳嗽、咳痰、痰量多。如病变进一步发展，则会出现明显的气短症状。喘息是因炎性刺激造成的一定程度的支气管狭窄(气道宽度减小)所导致的。

治疗手段有物理治疗、体位引流及抗生素治疗。发生喘息和气道阻塞时常需使用支气管扩张剂。手术切除单个受累肺叶很少使用，因病变常不局限于一个肺叶。

如果组织破坏为轻度或者中度，则预后一般较好，但是病变进展速度和感染发生频率也决定疾病预后。

2. 支气管扩张根据程度分类

轻度：咳嗽、痰少、无咯血

中度：每年咳痰时间在三个月以上，偶有咯血或/和呼吸道感染

重度：发热、大量脓性痰、咯血

3. 检查分类

胸部 X 线检查可显示支气管扩张是单侧还是双侧受累；

单侧支气管扩张常为肺炎或者结核的后遗症，即局限性病变；

双侧支气管扩张常由先天性异常造成，或与囊性纤维化有关。

核保结论

综合客户的支气管扩张病史，以及血糖偏高所带来的其他基础疾病风险，可判断该客户为重度的支气管扩张症，以及糖尿病倾向，投保寿险和重大疾病保险风险较高，故本次投保予以拒保处理。

核保启示

支气管扩张症的寿险相关风险：死亡率的高低取决于支气管扩张的范围和有无并发症，轻度到中度病例预后通常较好。支气管扩张范围广泛者易损害肺功能，甚至发展至呼吸衰竭，引起死亡。大咯血也可严重影响预后，增加死亡率。

支气管扩张症的核保思路及评估：需注意被保险人患病年龄、症状、频率、严重程度以及病情病变的程度、肺功能测试结果、是否有慢性阻塞性肺病(COPD)、治疗情况以及是否有吸烟嗜好。

针对寿险、重疾险，如无症状且为单侧发病者，可标准体承保；病变为双侧或有轻微症状者，应轻度加费承保；经手术治疗的应延期一年后再根据情况评估；若合并 COPD 应按 COPD 或支气管扩张症两者相比评点较高者执行。对于支气管扩张严重者应予以拒保。

支气管哮喘病核保案例

投保信息

年龄：33 岁 　性别：女 　职业：公务员 　年收入：15 万元

投保途径：线上投保 　　　投保时间：2019 年 3 月

投保险种：重大疾病保险 15 万元、住院医疗 1 万元核保原因：既往存在呼吸疾病病史，喘息 3 年，转入人工核保评估。

核保思路

根据客户的健康告知，保险公司要求客户提供既往年度的病史资料以作进一步评估。客户提供了 2017 年 4 月支气管哮喘急性发作住院 5 天的病史资料，从病史资料可以得到以下信息：

主诉：反复咳嗽、喘息 3 年，加重 1 周，对多种物质过敏。

既往史：既往腰椎间盘病史 5 年，间断出现腰痛。

诊疗经过：胸片示两下肺纹理增多、腰椎骨质未见异常。肺系肿瘤标志物 1 项稍高，肺 CT 未见异常，余常规检查项目未见异常。给予药物治疗，胸闷缓解、病情好转出院。

出院诊断：支气管哮喘急性发作、腰椎间盘突出。

从病史资料可以看出，该客户支气管哮喘诊断明确，但住院治疗结束距离投保时间已有将近两年，后续有无治疗、目前状况均未知。客户腰椎骨质未见异常、肺系肿瘤标志物 1 项稍高但胸部 CT 未见异常，故本案主要针对支气管哮喘进行进一步的资料收集，请客户填写呼吸疾病问卷，并提供后续检查、治疗资料，并请告知是否有后遗症、并发症，是否影响目前的生活。

客户回函告知 2017 年 4 月住院治疗后痊愈，未有后遗症及并发症，目前生活正常，没有后续检查，并填写了呼吸疾病问卷。从客户的回复来看，其支气管疾病控制较好，但未主观告知，无客观检查资料佐证，尤其对于评估支气管哮喘风险比较重要的肺功能检查报告缺失，不利于对此案进行准确的核保评估，故下发体检，重点检查肺功能。

客户体检报告显示：肺功能 FEV1(第一秒最大呼气容积)72％，PEF(呼气峰流速)59％、乳腺增生、血脂稍高、颈椎骨质增生、偶发房早、三尖瓣轻度反流、主动脉瓣轻度反流。

风险解读

支气管哮喘简称哮喘，是由多种细胞(如嗜酸性粒细胞、肥大细胞、T淋巴细胞、中性粒细胞、气道上皮细胞等)和细胞组分参与的气道慢性炎症为特征的异质性疾病，这种慢性炎症与气道高反应性相关，通常出现广泛而多变的可逆性呼气气流受限，导致反复发作的喘息、气促、胸闷和(或)咳嗽等症状，强度随时间变化。多在夜间和(或)清晨发作、加剧，多数患者可自行缓解或经治疗缓解。支气管哮喘如诊治不及时，随病程的延长可产生气道不可逆性缩窄和气道重塑。

本病发作时伴有哮鸣音的呼气性呼吸困难或发作性咳嗽、胸闷。严重者被迫采取坐位或呈端坐呼吸，干咳或咳大量白色泡沫痰，甚至出现发绀等，有时咳嗽是唯一的症状(咳嗽变异型哮喘)。有的青少年患者则以运动时出现胸闷、咳嗽及呼吸困难为唯一的临床表现(运动性哮喘)。哮喘症状可在数分钟内发作，经数小时至数天，用支气管舒张剂缓解或自行缓解。某些患者在缓解数小时后可再次发作。夜间及凌晨发作和加重常是哮喘的特征之一。

支气管哮喘的转归和预后因人而异，与正确的治疗方案关系密切。儿童哮喘通过积极而规范的治疗，临床控制率可达95%。轻症容易恢复，病情重，气道反应性增高明显，或伴有其他过敏性疾病不易控制。若长期发作而并发慢性阻塞性肺疾病(COPD)、肺源性心脏病者，预后不良。

临床上将哮喘的严重程度分为轻度、中度、重度，根据此客户病历记载及肺功能检查报告，其哮喘严重程度为中度的可能性大。

核保结论

考虑本案被保险人判定为中度哮喘，且投保时距上次住院未超过2年，目前有不正常的肺功能测试结果，按中度哮喘评点。但是，被保险人无慢支及肺气肿等哮喘的并发症，无长期接受口服皮质类固醇治疗，且为女性，告知不吸烟，因此适当减少评点为宜。再者考虑体检的其他异常指标尚达不到重疾评点标准，故重疾予以EM50加费承保。

本案被保险人医疗险风险因素较多，除支气管哮喘病史外，还有乳腺增生、血脂稍高、颈椎骨质增生、偶发房早、三尖瓣轻度反流、主动脉瓣轻度反流的异常情况。考虑本单被保险人的风险因素已累及三个系统以上，结合险种核保要求，医疗险予以拒保处理。

核保启示

1. 对于哮喘的核保判定，首先应对哮喘的严重程度进行分析，有无并发症，并对其严重程度分类，其次全面考虑有利、不利因素；通过病历资料、疾病问卷、体检资料(胸片、肺功能检查报告等)综合评估，得出核保结论。

2. 年龄、地域、当地空气质量、职业、生活习惯等也应纳入对支气管哮喘和肺功能情况的评估中，如当客户是家庭主妇时，要考虑长期接触油烟也可能是诱发和加重支气管哮喘的风险因素。同时，在评估肺功能时，不仅要将检查结果与正常范围做比较，还应与客户相同年龄人群的一般情况进行对比，若显著与其年龄段人群的一般情况不符，则应也有所关注。

3. 在处理涉及多系统、多疾病、多风险点，且同时投保不同类型险种的核保件时，我们要注意不同险种对于核保尺度的不同要求，以及风险之间的"主次"关系。如就本单而言，支气管哮喘病史和主动脉瓣轻度反流是主要评点的风险，乳腺增生、血脂稍高、颈椎骨质增生和偶发房早、三尖瓣轻度返流相对来说是本单的次要评点风险。

4. 险种特点不同，使得与之对应的核保尺度也有所不同，并最终造成重疾险和医疗险核保结论差别较大。针对重疾险核保，关注点侧重于健康风险与条款约定的重疾的相关性；对于医疗险而言，则更加侧重于健康风险未来发生医疗费用的可能性。因此，侧重点不同，核保尺度及核保结论也有所不同。

第八章　泌尿系统疾病

泌尿系统各器官(肾脏、输尿管、膀胱、尿道)都可发生疾病,并波及整个系统。泌尿系统的疾病既可由身体其他系统病变引起,又可影响其他系统甚至全身。其主要表现在泌尿系统本身,如排尿改变、尿的改变、肿块、疼痛等,但亦可表现在其他方面,如高血压、水肿、贫血等。泌尿系统疾病的性质,多数和其他系统疾病类似,包括先天性畸形、感染、免疫机制、遗传、损伤、肿瘤等;但又有其特有的疾病,如肾小球肾炎、尿石症、肾功能衰竭等。在本章节中,选取了肾切除、肾小球肾炎的典型核保案例进行探讨。

肾切除术是指肾脏部分或完全切除手术。完全切除还分为单肾切除和双侧肾切除。肾切除的适应症一般有肾恶性肿瘤、肾结核、脓肾、严重肾损伤、严重肾盂积水或肾结石等。在核保评点时需要关注行肾切除术的具体病因。

肾小球肾炎又称肾炎综合征(简称肾炎),是常见的肾脏疾病,指由于各种不同原因,发生于双侧肾脏肾小球的,临床表现为水肿、蛋白尿、血尿、高血压,尿量减少或无尿,肾功能正常或下降的一组症候群的疾病。肾小球肾炎的主要类型可分为急性和慢性两种。若病情迁延难愈,时间超过 3 个月,同时肾功能指标异常,和(或)肾脏病理学、影像学结果异常,和(或)肾小球有效滤过率低于 60%,即可归为慢性。如未能及时有效救治,导致病情继续恶化进展,则随病程迁延,患者将发展为慢性肾功能不全、肾衰竭,最终形成尿毒症。据粗略统计,在我国,包括慢性肾小球肾炎在内的慢性肾脏病的发病率高达 10.8%,患者约 1.3 亿。平均每 10 个成年人中就有一个慢性肾病患者。这其中,近 3000 万患者将发展成终末期肾脏病，即尿毒症。慢性肾病一旦发病便不可逆转，对患者的家庭和社会医疗、经济体系都造成了巨大的负担。

肾切除核保案例

投保信息

年龄：36 岁　　　性别：男　　　职业：公司职员　　　年收入：15 万元

投保途径：线上投保　　　　　咨询时间：2019 年 5 月

保险历：无　　　　　　　　　投保险种：重大疾病保险

咨询内容：从线上投保了解到某重大疾病保险，由于在幼年时期患有肾积水，进而咨询保险公司此既往疾病是否对其投保有所影响。

核保思路

客户自述，其 6 岁时曾患有肾积水，现已 36 岁，距患病已有 30 年，但因患病时间较久，病例已经遗失。保险公司希望客户可以提供进一步评估资料，客户提供了最近当年 3 月的体检报告，体检项目包含肾功能检查。

根据客户提供的体检报告，发现客户右肾切除，左肾代偿性增大，左肾囊肿，血压正常。根据尿检和 B 超情况可以看出，尿检无异常，但 B 超显示左肾有囊肿情况。

风险解读

肾切除术是指手术切除肾脏，如果为非急诊切除术，则必须进行充分的术前检查，以确定另一侧肾脏健康、输尿管正常且血供良好。有时，在自愿捐赠的情况下，亦会发生切除一侧健康的肾脏进行肾移植的情况。因此，对供者的评估必须非常彻底，明确肾脏切除原因，排除肾脏疾病和高血压风险。

某些人出生时只有一个肾脏，这时必须注意此肾是否功能正常。和成功接受肾移植的患者一样，肾功能检查结果应不超过边缘异常值。

导致肾切除的最常见原因是肾结石疾病（使一侧肾脏失去功能），其他原因有反流性肾病、肾积水和肾盂肾炎，也包括因严重创伤造成的且无法用其他方法缓解的肾出血。过去对肾动脉狭窄引起的高血压病人曾采用肾切除术，但是现在不太常用，因为药物对高血压的治疗已经取得了进展，此外还可以使用血管成形术和血管重建术。

有证据表明，只有单一肾脏的人更易出现高血压，这也包括移植肾的提供者。肾切除后除定期监测血压外，无须治疗。

肾切除在核保评点中，有利因素为：经全面检查后，证明遗留的肾脏正常、血压正常；不利因素为：遗留的肾脏有病变（蛋白尿、肾功能检查异常）、高血压。

根据再保手册，右肾积水的原因导致的右肾切除，按留存肾脏的病变情况评点，并结合高血压的额外风险。有正常的尿液分析和肾功能检查结果，在投保重疾时可标体承保。

核保结论

根据客户的告知及体检情况，可以判断该客户为右肾积水且已行切除术，左肾有囊肿，但囊肿较小，肾功能无异常。考虑被保险人行右肾切除术已有 30 年，可见预后情况较好且无并发症，故本次投保重疾给予标准体承保。

核保启示

核保事务中如何对术后疾病进行评点，应先鉴别是否存在后遗症及复发风险。对于肾切除后的核保评点中，重点要按留存肾的病变情况来点评，投保时需被保险人提供详细的病史资料，以及投保近期完整的复查资料，依据具体临床表现及检查结果进行综合判断。

肾小球肾炎核保案例

投保信息

年龄：46 岁　　性别：男　　职业：律师　　年收入：15 万元

投保途径：线上投保　　　　投保时间：2019 年 2 月

保险历：无　　　　投保险种：重大疾病保险　　　保额：20万元

核保原因：既往存在肾小球肾炎病史并住院治疗，转入人工核保评估。

核保思路

病史资料显示：2018年4月，客户因服用阿奇霉素后出现血尿、全身乏力到医院就诊，诊断为肾小球肾炎。后经过4天住院抗炎治疗，好转出院。出院后定期复查，现在一切正常。住院期间客户做过胸片，胸片的结果是右肺中叶小结节，建议临床随诊。

为了进一步了解客户当前的身体状况，核保要求客户提供后续随访病史资料，填写《肾脏泌尿系统疾病问卷》，并下发体检。

客户提供了出院四天以后做的胸部CT报告，未见明显异常；对于肾小球肾炎告知无后续随访病史资料；《肾脏泌尿系统疾病问卷》告知此前的肾小球肾炎病为首次且最后一次发病，未再发生。

客户按要求进行了体检，体检项目含常规检查、尿常规、心电图、肾功能、泌尿系B超、肝功能、乙肝两对半、甲胎蛋白（AFP）等，结果均正常，表明客户身体状况良好，未见肾脏、肝脏疾病相关风险。

风险解读

肾小球肾炎是发生于双侧肾脏肾小球的变态反应性疾病。该病是常见的肾脏疾病，分为急性和慢性两种。

急性肾小球肾炎（简称急性肾炎）是一种由于感染后变态反应引起的两侧肾脏弥漫性肾小球损害为主的急性疾病，特点是起病急、病程短，在感染后1至3周出现血尿、蛋白尿、管型尿、水肿、少尿、高血压等系列临床表现。常发于4至14岁儿童，男性多于女性。多发生在链球菌感染之后，大部分病例2至3周前有过咽炎、扁桃体炎等前驱感染，但感染程度与是否发病之间无平行关系。40%的病人首先发现血尿。90%的病例出现水肿，轻者晨起后见眼睑浮肿，重者水肿延及全身，甚至出现胸水、腹水，出现气急和腹胀，部分病人血压升高且有头痛，小便化验几乎都含有蛋白质（蛋白尿）。

慢性肾小球肾炎（简称为慢性肾炎）是各种原发性肾小球疾病导致的长

病程的(甚至数十年)以蛋白尿、血尿、水肿、高血压为临床表现的疾病。此病常见,尤以青壮年男性青年发病率高。该病治疗困难,大多渐进为慢性肾功能衰竭,预后较差。临床可表现为蛋白尿、血尿、水肿、高血压等。但每个患者可表现的轻重程度不同,患者以水肿为首发症状,轻者仅晨起时眼睑及面部微肿,午后下肢略有水肿,经休息后短期内可消失。有些患者以血压增高为首发症状,既而发现慢性肾小球肾炎。慢性肾小球肾炎后期可发展为肾功能不全以致肾功能衰竭,患者可出现贫血,心衰等。其主要是由肾实质受损,红细胞生成减少及营养不良有关。贫血和心衰等严重程度与肾脏病变及肾功能减退成正比。

根据病例资料显示,客户无泌尿系统病史。因"五天前发热咽痛(自服阿奇霉素)后出现肉眼血尿"经检查确诊为肾小球肾炎。肾脏是药物代谢和排泄的重要器官。阿奇霉素属于大环内酯的抗生素。其主要功能为治疗支气管炎、肺炎等下呼吸道感染;皮肤和软组织感染;急性中耳炎;鼻窦炎、咽炎、扁桃体炎等上呼吸道感染。阿奇霉素产生的不良反应中包括:泌尿生殖系统的间质性肾炎、急性肾衰;造血系统的血小板减少;肝胆系统的肝炎和胆汁淤积性黄疸等,偶尔引起肝坏死和肝衰竭。

通过以上信息,推断客户可能因药物过敏引起肾脏损害且后续未再复发,也没有任何证据显示客户曾出现两次或两次以上肾小球肾炎,故排除此客户慢性肾小球肾炎的可能性。

核保结论

从病史资料、问卷及体检情况来看,客户的肾小球肾炎恢复情况良好,肾炎未再复发、无相关肺部疾病,体检一切正常,无明显结果反映客户为慢性肾小球肾炎,故该客户最终按照急性肾小球肾炎评点,重大疾病保险 EM 加费 75% 承保。

核保启示

对于肾小球肾炎,可先确定客户为慢性还是急性,因为两种病情的核保结论完全不一致。急性肾小球肾炎一般根据病程时间、恢复情况、是否合并其他异常做出标体或加费等评点。对于慢性肾小球肾炎,如投保重大疾病保险,建议按拒保处理。

第九章　女性疾病

女性疾病除了狭义指妇科疾病(女性生殖系统疾病)之外，还指通常为女性患有的疾病，如乳腺疾病等。常见的女性疾病包括乳腺囊肿、乳腺结节、乳腺癌等乳腺疾病，阴道炎、盆腔炎、宫颈炎等妇科炎性疾病，子宫肌瘤、子宫肿瘤、卵巢肿瘤等占位性疾病等。在本章节中，选取了核保时较为常见的乳腺增生伴乳腺结节、高危型 HPV 感染、子宫多疾病的典型案例进行探讨。

乳腺癌的发病率位居国内发达城市女性恶性肿瘤的首位。据粗略估计，2018 年国内乳腺癌新发人数超过 30 万，因乳腺癌而死亡的人数超过 7 万。比起乳腺癌，女性更为熟悉的乳腺疾病则为乳腺增生、乳腺结节等。约 70%～80% 的女性都有不同程度的乳腺增生，约 60% 以上女性曾被检出有乳腺结节。

宫颈癌是生活在较不发达地区的妇女的第二大常见癌症，据世界卫生组织披露，2018 年全球约有 31.1 万名妇女死于宫颈癌，其中 85% 以上发生在低收入和中等收入国家。已有诸多研究表明，两种类型的人乳头瘤病毒(HPV16 型和 HPV18 型)与宫颈癌的发生发展有密切关系，可引起约 70% 的宫颈癌和宫颈癌前病变。接种 HPV 疫苗和定期宫颈筛查已成为宫颈癌的一级和二级预防措施。然而，在我国 HPV 疫苗的接种覆盖人群与发达国家仍有较大差距，宫颈癌极大影响了我国妇女的健康。

子宫疾病是指子宫区域发生的各种病变，如炎症、损伤、肿瘤以及癌前病变等。子宫疾病包括子宫内膜炎、子宫内膜异位症、子宫肥大、子宫息肉、子宫肌瘤、子宫囊肿、子宫脱垂、子宫内膜癌等。

高危型 HPV 感染核保案例

投保信息

年龄：45 周岁　　性别：女　　职业：教师　　年收入：15 万元

投保途径：线上投保　　　　初次投保时间：2013 年 8 月

险种：终身寿险 5 万元、重大疾病保险 5 万元、住院医疗险 10 万元

核保原因：2019 年保单续期时，因有理赔史转入二次核保。

核保思路

被保险人的三次理赔史情况如下：

第一次理赔史：2013 年 10 月，主诉因外阴瘙痒 5 年，下腹痛 3 年，要求入院治疗。诊断：外阴硬化性苔藓，盆腔炎性疾病。住院期间行聚焦超声治疗，TCT 检查结果未见异常。

第二次理赔史：2013 年 12 月，被保险人因交通事故导致桡骨骨折住院治疗，诊断：左桡骨小头骨折，左尺骨鹰嘴骨折，左肩周炎，腰椎间盘突出症。

第三次理赔史：2015 年 11 月，主诉下腹疼痛半年，要求入院治疗，诊断：盆腔炎性疾病，住院期间行 HPV 分型检测，示高危型 HPV 阳性。

回顾被保险人三次理赔史，其中除了第二次住院病史是因为交通意外事故导致的外伤骨折，其余两次次出险都是因为盆腔炎性疾病而住院治疗，在核保时应注意将被保险人这两次的住院病历一同分析，是否存在关联。

1. 2013 年出院记录

根据被保险人提供的就诊资料，其在就诊前已有多年的症状史：外阴瘙痒 5 年、下腹痛 3 年。住院期间所行的 TCT 检查示未见上皮内病变及恶性细胞，病理报告示"外阴"鳞状上皮单纯性萎缩性伴灶性硬化性苔藓形成趋势。此次住院主要采取局部聚焦超声治疗（指同时联合超声波的空化效应、机械效应、热效应、免疫效应等综合作用，导致组织瞬间凝固性坏

死，而周围组织并无显著损伤，凝固性坏死组织可逐渐被吸收或瘢痕化，主要适用于治疗组织器官的恶性与良性实体肿瘤）、抗炎治疗。症状缓解后出院，未提供复查随访的病历。

2. 2015 年出院记录

根据被保险人此次的病史资料，其主诉：下腹部疼痛半年，要求住院治疗。诊断为盆腔炎性疾病，入院期间行 HPV 分型检测，示高危型 HPV39 为阳性。治疗方式主要采取微波治疗、抗炎治疗，症状缓解后予以出院，未提供复查随访的病历。

风险解读

1. **外阴硬化性苔藓（外阴白斑）**

（1）概述

外阴硬化性苔藓是以外阴、肛周皮肤萎缩变薄为主的皮肤疾病。病变主要侵犯阴蒂、小阴唇、阴唇后联合及肛周，是最常见的外阴白色病变。高发年龄为 45 至 60 岁，其典型的临床表现就如被保险人所自述的，外阴瘙痒、性交痛及烧灼样感或疼痛等。在疾病发展后期，还会发生外阴萎缩，小阴唇变小、甚至消失，与阴蒂粘连；大阴唇变薄，阴蒂萎缩；皮肤颜色变白、发亮、皱缩、弹性差，常伴有皲裂及脱皮。病变对称，可累及会阴及肛周而呈蝴蝶状。早期病变轻，皮肤红肿，出现粉红或象牙白色丘疹，丘疹融合成片后呈紫癜状；晚期皮肤菲薄、皱缩似卷烟纸或羊皮纸，有皮下出血，呈对称性分布，阴道口挛缩狭窄。严重者排尿困难，尿液浸渍外阴菲薄皮肤，造成糜烂和刺痛。外阴白斑被认为是一种癌前病变，据研究有 0.6%～20% 的恶变率。多采用激素等药物治疗，严重者可手术治疗，手术方式一般为表浅外阴切除或激光切除，激光切除仅能切除表皮病变，而对表皮下的真皮病变无效，存在一定复发率，但预后大多尚好。

（2）核保建议

参考再保手册的评点意见，对于外阴白斑的核保病历，审核的要点主要考虑，是现症还是既往病史，是否已进行全面检查，是否已进行治疗，是否有无恶变的证据。反观本单中被保险人提供的病历，其在 2013 年时的情况属于现症，正进行治疗，且尚无恶变，寿险可给予标体，重疾予以加费＋25 的建议，但是被保险人未提供复查随访的资料，且已经数年过去，再针对此情况进行最终评点前，应嘱其提供近期的检查报告，确认是否已治愈，出院后有无复发的情况。

2. 盆腔炎性疾病(PID)

(1)概述

盆腔炎性疾病(PID)指女性上生殖道及其周围组织的炎症，主要有子宫内膜炎、输卵管炎、输卵管卵巢脓肿、盆腔腹膜炎，最常见的是输卵管炎。病灶可局限于一个部位，也可同时累及几个部位。

临床常见的症状及体征有：下腹部疼痛、腰痛、性交疼痛、发烧、阴道分泌物异常，不规则月经出血、排尿困难等。初期感染以及疤痕组织和粘连形成过程引发的并发症可包括：慢性与持续盆腔疼痛、不孕、宫外孕风险增加、卵巢脓肿、腹膜炎以及败血症。反观被保险人的病史记录，据其主诉，存在符合的症状有腹痛半年、性交后疼痛加重、不规则月经出血，符合 PID 的典型表现。

感染途径有：①上行性蔓延：病原菌由外阴、肛门进入阴道，沿黏膜间上行，通过子宫颈、子宫内膜、输卵管蔓延至卵巢、腹腔是淋球菌、葡萄球菌感染的主要途径。②经淋巴系统蔓延：细菌经阴道、子宫颈侵入后，经淋巴系统扩散至盆腔蜂窝组织及子宫附件以至腹腔，常为链球菌、葡萄球菌的蔓延方式。③直接蔓延：由邻近脏器的感染蔓延而来，如腹膜炎、阑尾炎、结肠炎、膀胱炎等均可蔓延至子宫、输卵管而引起盆腔炎。盆腔炎有急性、慢性两大类，后者多由于对急性炎症未能彻底治疗而致，有时可有急性或亚急性发作。④经血循环传播：病原体先侵入人体的其他系统，再经血循环感染生殖器，为结核菌感染的主要途径。

PID 的预后情况：如果及早发现并在引发任何并发症之前治疗急性PID，预后较好。PID 可治愈，但是生殖器官感染的后遗症可能引起生殖器官永久性损害，如输卵管阻塞、粘连、积水、囊肿，子宫固定，不孕等。

PID 核保评点需要关注的信息：确诊日期、病因、症状的性质和严重程度、是急性炎性疾病，还是慢性炎性疾病、治疗方法和疗效、并发症、如果是慢性炎性疾病且症状严重，则需要提供就诊的完整病历、如果是因性传播疾病引发的盆腔炎性疾病，或多次复发的盆腔炎性疾病，应行 HIV 抗体检测。

(2)核保建议

对于 PID 的评点，一般急性、单次发病已治愈、无后遗症，投保寿险或重疾险，可给予标体。多次发病、慢性或复发，则视病情给予一定的加费，对于等待手术探查或治疗的，延期处理。

3. 高危型 HPV 阳性

(1)概述

HPV 是人乳头瘤病毒的缩写，为小型环状 DNA 病毒。其有 130 多个亚型，与人体健康有关的主要是 1、2、6、11、16、18、31、33 及 35 型。根据 HPV 亚型致病力大小或致癌危险性大小不同，可将 HPV 分为低危型、高危型两大类。低危型如 6、11、40、42、43、44、54、61、70、72、81 等，一般会引起宫颈炎症反应、宫颈肉质生长物，生殖器疣。高危型如 16、18、31、33、35、39、45、51、52、56 等，除可引起生殖器疣病外，更重要的是引起外生殖器癌、子宫颈癌和高度宫颈上皮内瘤变，尤其是 HPV16、HPV18。

HPV 的传播途径有性传播、污染物传播、医源性传播及母婴传播，其中性传播是最主要的方式。有多个性伴侣，或者性伴侣有多个性伴侣，抑或首次性行为过早，都更易感染 HPV。全世界每年有约 10%～15% 的新发病例。我国地区普通人群的 HPV 感染率在 10%～14%，女性感染高峰在 18～28 岁。虽然大部分妇女 HPV 感染期比较短，一般在 8～10 个月，但仍有大约 10%～15% 的 35 岁以上的妇女有持续感染的情况。这些持续感染 HPV 的妇女，患子宫颈癌的风险更高。

大部分 HPV 感染患者无临床症状或为亚临床感染，难以通过临床疾病、症状等发现，一般需要借助实验室检查才能定性。常规手段如宫颈涂片检查(液基细胞学检查和巴氏涂片检查)、HPV 分型检测。

对于 HPV 感染的投保人，重点关注以下几个因素：是否为持续的感染。大部分 HPV 感染会自行消退，与年龄及个人免疫能力有关。而持续的高危型 HPV 感染是导致宫颈癌的重要因素，HPV 感染如果存在 2 年或以上，即称为 HPV 持续感染。高危型 HPV 感染可导致恶性病变，最终可发展成浸润性宫颈癌。处理高危型感染的核保件时需要客户提供详细的病史资料及近期检查报告，依据具体检查结果进行综合判断。

(2)核保建议

对于 HPV 感染的核保件，在评点建议上主要考虑，现症还是过去史，是否经过治疗，在治疗后病毒是否转阴。就本核保案例中的被保险人，在 2015 年住院时的病历，其当时属于现症，是否后经过针对 HPV 的治疗不明，且至今已数年，要得到客观、公正的核保结论，需要被保险人配合提供更详细的近期检查资料。

核保结论

在分析被保险人的理赔史后，核保员要求客户补充近期妇科 B 超、HPV 检查等相关随访复查资料，但该客户未配合，故续期二核给予住院医疗保险拒保处理。

核保启示

女性常见的健康异常部位：甲状腺、乳腺、子宫宫颈等，往往也是女性癌症的高发区域。其中与宫颈癌关系最为密切的就是 HPV，持续的高危型 HPV 感染几乎是宫颈癌发生的必备条件。从 HPV 初次感染，到发展成宫颈癌，要经历如下的过程：HPV 感染—HPV 持续感染—CIN1—CIN2—CIN3—宫颈癌(CIN 为宫颈上皮内瘤变，CIN1/2/3 级反映了宫颈癌前病变的发展过程)。因此，在遇到 HPV 阳性，尤其是高危型亚型阳性的时候，尤其要关注是否及时进行治疗，是否定期进行宫颈刮片或 TCT 的检查，且结果未提示恶变。

乳腺增生乳腺结节及甲状腺结节核保案例

投保信息

年龄：41 周岁　　性别：女　　职业：一般内勤　　年收入：10 万元

投保途径：线上投保　　　　投保时间：2018 年 3 月

险种：重大疾病保险　　　　保额：10 万元

核保原因：告知有乳腺增生、乳腺结节、甲状腺结节，转入人工核保评估。

核保思路

评估被保险人提供的体检资料是否齐全、有效。体检者身份信息是否与被保险人一致，体检机构是否为全国二级及以上医院或连锁体检机构，体检项目是否齐全等。

乳腺增生、乳腺结节和甲状腺结节首次确诊的时间，是否本次体检为初次发现。被保险人所提供的体检资料为投保前 2 个月所做。在取得报告后，被保险人是否前往医院就诊，若投保的为医疗险，尤其需要关注是否存在投保后即计划就医的可能。

告知有乳腺结节或甲状腺结节的核保件，一般可给予除外责任。但是需要关注结节的超声报告描述，若结节较大或结节分级 BI—RADS 4a 或 TI—RADS 4a 及以上或有血管增多、边缘浸润等的描述，则个案考虑。

核保资料

2018 年 3 月体检报告

体检项目：

普通体检、静止心电图、尿检、血常规、乙肝两对半、肝功能、肾功能、甲状腺超声、乳腺超声、腹部 B 超(肝胆胰脾肾)、妇科 B 超、空腹血糖(GLU)、甲胎蛋白(AFP)、癌胚抗原(CEA)、胆固醇(CHO)、甘油三酯(TG)、肿瘤相关物质(TSGF)、胸透检查结果：

普通体格检查：体重指数(BMI)28.58↑

总胆固醇：2.42mm↓

甘油三脂：1.78mm↑

乳腺超声：双侧乳腺增生症，左乳 1 点方向探及实性稍低回声结节，大小 0.6cm×0.5cm，右乳 12 点方向探及实性稍低回声结节，大小0.6cm×0.25cm；

甲状腺超声：甲状腺左侧叶囊实性结节(大小 1.0cm×0.5cm)；

其余检查结果未见明显异常。

风险解读

1. 乳腺增生症

乳腺增生是临床上最常见的良性乳腺疾病，多发生于 30～50 岁的女性。70%～80%的女性都有不同程度的乳腺增生。病因主要与内分泌紊乱有关。其主要症状是乳腺疼痛、结节或肿块，部分患者合并乳头溢液。根据乳腺增生症在组织病理学形态的区别，还可分为乳腺腺病以及乳腺囊性增生病的不同类型。不同病理学表现的乳腺增生症发生乳腺癌的危险性也不相同。其中乳腺囊性增生病的癌变率为 1%，只有活检证实为非典型增生时其发生乳腺癌的危险性才会明显增加，但约80%的非典型增生患者终生都不会发展成乳腺癌。

目前，非典型导管增生及外周型导管内乳头状瘤(导管内乳头状瘤病)被视为乳腺癌癌前病变。

核保建议：若为乳腺小叶增生，寿险及重大疾病保险都为标准体。一般在常规体检时发现，轻症、未发现明显结节，无频繁就医治疗者，医疗险可不做除外。若有明显症状，频繁就医治疗，且无明显改善者，医疗险可予以除外"乳房良性疾病及其并发症"。

2. 乳腺结节

乳腺结节是一种症状，常见于乳腺增生(可形成乳腺囊肿)及乳腺肿瘤性疾病，包括乳腺良性肿瘤(如乳腺纤维瘤、分叶状肿瘤等)以及乳腺恶性肿瘤(乳腺癌)。

乳腺增生导致的乳腺结节为多发性，单侧或双侧，以外上象限多见。大小、质地也常随月经呈周期性变化，月经前期结节增大，质地比较硬，月经来潮后结节缩小，质韧变软。检查时能触及乳腺结节大小不规律，与周围组织界限不清，多有触痛感，与皮肤和深部组织无粘连，能够移动；乳房胀痛多见于单侧或双侧乳房，胀痛或触痛。患病时间不等，大多数患者具有周期性疼痛的症状，月经前期发生或加重，月经来潮后减轻或消失。

乳腺肿瘤导致的乳腺结节，良性肿瘤可单发，也可多发，好发于育龄期女性，触诊一般结节质韧，边界清楚，活动度好；恶性肿瘤一般单发，好发于中老年女性，触诊一般结节质硬，边界不清，活动度差。

核保建议：临床根据美国放射学会推荐的"乳腺影像报告和数据系统"(简称 BI—RADS)对乳腺病变良恶性程度与风险进行评估，将影像对病灶的评估分为 0—6 类：

BI—RADS	描述	恶性可能	(医疗)观察建议
0	不能评估	/	进一步检查
1	阴性	/	/
2	良性	/	/
3	可能良性	0.02	6 个月复查
4	可疑恶性 4A、4B、4C	3%～95%	建议活检
5	高度怀疑恶性	≥95%	活检
6	活检明确恶性	/	积极治疗

一般对于年轻女性双侧乳腺多发结节，触诊质地、活动度等倾向于良性肿瘤表现，影像检查提示良性结节的，寿险可正常承保。重疾险及医疗险需除外"乳房疾病及其并发症"。

3. 甲状腺结节

甲状腺结节是指在甲状腺内的肿块，可随吞咽动作随甲状腺而上下移动，是临床常见的病症，可由多种病因引起。甲状腺结节可以单发，也可以多发，多发结节比单发结节的发病率高，但单发结节甲状腺癌的发生率较高。常见病因如缺碘、高碘和放射性损伤等，在众多良性结节中约5%~15%为甲状腺癌。

核保建议：对明确的囊性结节（B超表现为无回声结节），寿险和重疾险可按标准体接受，医疗险除外"甲状腺疾病及其并发症"。若非"无回声结节"，但影像学检查描述倾向于良性可能性大（双侧多发、边界清、活动度好，长期随访B超无明显变化），寿险仍可按标准体承保，重疾险和医疗险需进行除责。

核保结论

综上所述，考虑乳腺结节及甲状腺结节有发展趋势，结合险种责任，本次投保予以除外责任承保。"若由于乳腺恶性肿瘤、乳腺原位癌及其复发和转移，或者甲状腺恶性肿瘤、甲状腺原位癌及其复发和转移，导致符合轻症疾病或重大疾病保险责任的情况，不承担保险金给付的责任。"

核保启示

对于客户提供的病历资料，首先要做好信息核对的工作，确保所提交的资料确为被保险人本人的，然后再进行相应风险点的评估。

投保时告知有乳腺结节或甲状腺结节，需谨慎对待。在下核保结论前必须明确结节性质，搜集完整的检查报告或病历资料（门诊/住院病历、B超报告、乳腺钼靶、穿刺报告等），通过不断学习和经验的积累，做到能读懂基本的影像检查描述的技能。

子宫多疾病核保案例

投保信息

年龄：44岁　　性别：女　　职业：事业单位职工　　年收入：20万元

投保途径：线上投保　　投保时间：2018年5月

险种：终身重大疾病保险　　保额：30万元

核保原因：投保前两年内有住院史，提供住院病历后转入人工核保评估。

核保思路

核对被保险人提供的住院病历是否为客户本人，信息是否一致，病历资料是否齐全，相关出入院记录、手术记录、检查报告是否完整，是否同时提供术后随访复查资料。

除了明确诊断中列出的子宫腺肌症、子宫肌瘤、中度贫血外，是否在检查报告、医嘱单中有其他风险点，用药记录中是否有慢性病（高血压、糖尿病）相关的使用记录。

被保险人行手术治疗，关注手术的方式，切除的范围。

视情况请被保险人提供近期的检查报告，以更明确地评估被保险人目前的身体状况，包括贫血有无改善等。

核保资料

出院小结：住院期间进行子宫次全切保留宫颈，出院医嘱要求改善贫血及 6—12 月复查 TCT。术后病理结果：子宫平滑肌瘤、子宫体宫内膜异位症、子宫内膜增生期改变。贫血情况：血红蛋白 75g/L，属中度贫血。

2018 年 3 月体检报告：TCT 检查报告正常；血红蛋白 148g/L 正常；子宫及双附件 B 超显示子宫次全切术后，宫颈多发囊肿，左侧卵巢囊性回声。

风险解读

1. *子宫肌瘤*

子宫肌瘤是最常见的盆腔肿瘤类型，可发生于任何年龄段，最常见于 30～50 岁的妇女，发病率可达 20％～30％，且常为多发性，与雌激素水平有关。

多数患者无症状，仅在盆腔检查或超声检查时偶被发现。如有症状则与肌瘤生长部位、速度、有无变性及有无并发症关系密切，而与肌瘤大小、数目多少关系相对较小。患有多个浆膜下肌瘤者未必有症状，而一个较小的黏膜下肌瘤常可引起不规则阴道流血或月经过多。

一般而言，若已行全切术，确认病理良性，则寿险、重疾、医疗保障可标准体承保；若非子宫全切术，则寿险、重疾标准体，医疗险除外责任。

2. 次全子宫切除术—切除子宫体保留宫颈

子宫切除术是最常见的妇科手术之一。2004年，美国进行61.7万例子宫切除，其中90%为良性病变。

有利的风险因素：因子宫良性病变行子宫切除手术，术后痊愈。

不利的风险因素：因恶性病变行子宫切除手术。

核保关注的资料：手术日期、潜在病因、病理结果。

3. 继发性贫血

贫血的病因和发病机制十分复杂，除了造血系统本身异常能导致各种不同类型的贫血外，很多感染和慢性全身性疾病如肾脏功能衰竭、肝硬变、内分泌疾病、恶性肿瘤及结缔组织病等亦能直接或间接地影响造血组织而发生贫血。这种来自造血组织以外的由机体的其他脏器原发病所引起的贫血，称为继发性贫血，也称症状性贫血。继发性贫血是继发于造血系统以外疾病的贫血的总称。

就本单而言，被保险人有继发性中度贫血，推测可能因为子宫肌瘤或子宫腺肌症导致。

4. 宫颈囊肿

宫颈囊肿，称为"子宫颈腺潴留囊肿"，又称"纳博特囊肿""纳氏腺囊肿"，简称"纳囊"，是宫颈炎的一种。宫颈囊肿一般无症状，病情进展缓慢。对于无症状的宫颈囊肿，可定期复查宫颈刮片（TCT）；或用针刺破，涂以碘伏。伴发炎症则相应治疗炎症；也可物理治疗，如微波、激光、冷冻、电熨等。不伴发其他情况（如宫颈病变等），一般不建议行阴道镜检查或 LEEP 等治疗。

宫颈囊肿可标准体承保寿险和重疾，医疗险一般除外责任。

5. 卵巢囊肿

卵巢囊肿属于广义上的卵巢肿瘤的一种，各种年龄均可患病，但以

20～50 岁最多见，卵巢肿瘤是女性生殖器常见肿瘤，有各种不同的性质与形态，即：一侧性或双侧性、囊性或实性、良性或恶性，其中以囊性多见，有一定的恶性比例。

明确良性性质，或已行手术切除的卵巢囊肿，一般情况下寿险、重疾险可标准体承保；医疗险可除外责任承保。

核保结论

综合被保险人 2017 年的住院史以及 2018 年 3 月的体检复查情况，考虑如下，

1. 子宫肌瘤已行子宫次全切手术且病理良性，评点不加费；

2. 2017 年检查出院诊断继发性中度贫血，2018 年复查已正常，贫血评点不加费；

3. 2017 年手术子宫次全切，保留宫颈，出院要求 6～12 个月复查宫颈 TCT，2018 年 3 月复查有宫颈囊肿、卵巢囊肿，TCT 检查正常。因囊肿未达到手术指征，良性可能性大，故本次续保重疾险予以标准体承保。

核保启示

子宫疾病，如炎症、损伤、增生、癌前病变及肿瘤占位等，都是女性常见的疾患，核保工作中对其并不陌生。评点时需重点收集和关注的资料包括：

完整的病历资料，疾病是常规体检发现还是因有不适症状而就医后发现，是否已进行治疗，使用的是什么治疗方法及效果如何。

若进行手术治疗，则需关注手术的方式，术后的病理报告，包括涂片或切片病理报告、组织学类型和分级。

关注被保险人投保前近期的检查报告或随访资料的情况，是否已痊愈或已稳定控制病情。

结合被保险人的其他情况，包括年龄，有无基础疾病，是否已育，是否已绝经或处于绝经期等，综合评估。

多发性子宫肌瘤核保案例

投保信息

年龄：51 周岁　　　性别：女　　　职业：退休　　　年收入：10 万元

投保途径：线上投保　　　　　投保时间：2019 年 11 月 8 日

险种：重大疾病保险　　　　　保额：10 万元

核保原因：客户告知近 2 年内存在住院病史，转入人工核保评估。

核保思路

考虑被保险人告知有住院史，核保人员需要全面了解住院的原因、治疗的方式和效果、住院期间各项检查有无异常、目前的康复状况等，遂下发问题件，请被保险人就住院史进行详细告知，并且提供完整的病历资料。

核保资料

根据被保险人提供的病史资料，被保险人因"2 个月前自扪及下腹包块"就诊，2019 年 2 月，被保险人的盆腔 B 超显示：子宫多发肌瘤(肌壁间，浆膜下)，最大直径约 6cm；血细胞分析显示：贫血(血红蛋白 93g/L)。医院给予抗贫血治疗(硫酸亚铁片，Tid)，并建议再行手术治疗。入院前复查血红蛋白 113g/L。

2019 年 4 月，被保险人进行了全子宫切除术和双侧输卵管切除术，术后病检显示：子宫平滑肌瘤，部分区域细胞增生活跃；慢性宫颈炎；子宫内膜呈增殖期改变；双侧输卵管慢性炎。愈合情况良好，出院无不适。

风险解读

子宫肌瘤(子宫平滑肌瘤)是最常见的盆腔肿瘤类型，可发生于任何年龄段，最常见于 30～50 岁的妇女，发病率可达 20%～30%，且常为多发性，与雌激素水平有关。

多数患者无症状，仅在盆腔检查或超声检查时偶被发现。如有症状则与肌瘤生长部位、速度、有无变性及有无并发症关系密切，而与肌瘤大小、数目多少关系相对较小。患有多个浆膜下肌瘤者未必有症状，而一个较小的黏膜下肌瘤常可引起不规则阴道流血或月经过多。

1. 子宫肌瘤（子宫平滑肌瘤）临床上常见的症状

子宫出血：为子宫肌瘤最主要的症状，出现于半数以上的患者。其中以周期性出血为多，可表现为月经量增多、经期延长或周期缩短。亦可表现为不具有月经周期性的不规则阴道流血。子宫出血以黏膜下肌瘤及肌壁间肌瘤较多见，而浆膜下肌瘤很少引起子宫出血。

腹部包块及压迫症状：肌瘤逐渐生长，当其使子宫增大超过3个月妊娠子宫大小或为位于宫底部的较大浆膜下肌瘤时，常能在腹部扪到包块，清晨膀胱充盈时更为明显。包块呈实性，可活动，无压痛。肌瘤长到一定大小时可引起周围器官压迫症状，子宫前壁肌瘤贴近膀胱者可产生尿频、尿急；巨大宫颈肌瘤压迫膀胱可引起排尿不畅甚至尿潴留；子宫后壁肌瘤特别是峡部或宫颈后唇肌瘤可压迫直肠，引起大便不畅、排便后不适感；巨大阔韧带肌瘤可压迫输尿管，甚至引起肾盂积水。

疼痛：一般情况下子宫肌瘤不引起疼痛，但不少患者可诉有下腹坠胀感、腰背酸痛。当浆膜下肌瘤发生蒂扭转或子宫肌瘤发生红色变性时可产生急性腹痛，肌瘤合并子宫内膜异位症或子宫腺肌症者亦不少见，则可有痛经。

白带增多：子宫腔增大，子宫内膜腺体增多，加之盆腔充血，可使白带增加。子宫或宫颈的黏膜下肌瘤发生溃疡、感染、坏死时，则产生血性或脓性白带。

不孕与流产：有些子宫肌瘤患者伴不孕或易发生流产，对受孕及妊娠结局的影响可能与肌瘤的生长部位、大小及数目有关。巨大子宫肌瘤可引起宫腔变形，妨碍孕囊着床及胚胎生长发育；肌瘤压迫输卵管可导致管腔不通畅；黏膜下肌瘤可阻碍孕囊着床或影响精子进入宫腔。肌瘤患者自然流产率高于正常人群，其比约4：1。

贫血：由于长期月经过多或不规则阴道流血可引起失血性贫血，较严重的贫血多见于黏膜下肌瘤患者。

其他：极少数子宫肌瘤患者可产生红细胞增多症，低血糖，一般认为与肿瘤产生异位激素有关。

2. 治疗手段

主要为药物治疗、手术治疗、聚焦超声波治疗等，也有一部分采取随访观察手段(如无明显症状、无恶变征象)。

3. 类型

黏膜下肌瘤	粘膜下子宫肌瘤是突向子宫腔生长的子宫肌瘤，约占 10%。由于肌瘤表面覆盖着子宫内膜，增加了子宫腔内膜表面积，且在宫腔内占位，影响月经血排出，因此可引起子宫异常收缩，发生痛经，并伴有月经量增多及月经周期紊乱。由于粘膜下肌瘤在宫腔内生长犹如异物，受到子宫收缩的排挤。另外，还由于重力的作用，粘膜下肌瘤容易形成蒂。部分粘膜下肌瘤可被挤出宫颈外口而突入阴道，严重的可突出于阴道口外。
浆膜下肌瘤	生长在子宫浆膜面上，约占子宫肌瘤的 20%～30%，其部位及大小亦不确定，可在宫腔、壁间或是浆膜及粘膜下，有的可以长到很大。正因此故，浆膜下肌瘤经常会压迫膀胱，出现尿频、尿急；压迫直肠，造成排尿困难；当发生蒂扭转时，可引起剧烈腹痛。在症状表现上，可出现白带增多或伴有感染性的脓性白带。
肌壁间肌瘤	此类肌瘤最为常见，占子宫肌瘤总数的 60%～70%，发作之时数目、大小及部位往往不定，有时有一个或数个较大的，有时又是极多小瘤结节分布、呈不规则团块状融合。有的在发展中位于宫颈，有的则排布于宫壁。该种子宫肌瘤因血循环较好，故而较少发生恶变，但会严重影响子宫形状及收缩能力。由于在生长过程中宫体不断被撑大，因此常常引发月经过多、过频或经期紊乱。
子宫颈肌瘤	子宫颈肌瘤较少见，在子宫颈部位生长，因部位较地，故而可嵌顿于盆腔内，产生压迫症状，主要危及输尿管及膀胱。此种子宫肌瘤手术切除较为困难，稍有不慎便会损及宫颈。

核保结论

51 周岁女性，多发性子宫肌瘤史，贫血史(轻度，血红蛋白 93～113)。已行根治性子宫全切及双附件手术，术后病理检查结果为良性，且考虑子宫肌瘤生长位置，贫血与肌瘤相关性大。入院期间通过补充铁剂，贫血状况已恢复，结合险种情况，本单予以标体通过。

核保启示

子宫肌瘤作为常见的女性生殖系统疾病，在核保作业中遇到有相关病史的被保险人较为多见。在评点时需要关注子宫肌瘤的性质、生长位置、数量、大小、被保险人的年龄、是否采取治疗、治疗的方式、效果、预后的情况，以及是否并发如贫血、不孕不育等情况。

现症子宫肌瘤的核保：对于无症状、无恶变征象、无并发症、无须手术治疗的，一般可寿险、重疾险可给予标体，医疗险可予以除外责任处理。对于中等以上肌瘤，伴有明显症状或并发症，或被建议手术治疗，则一般寿险、重疾险、医疗险都予以延期处理。

子宫肌瘤既往史的核保：若已行手术切除，且病理示良性，术后痊愈无并发症，寿险、重疾、医疗险都可给予标准体。若病理示恶性，则按子宫肿瘤进一步评点。

第十章 五官科疾病

一般来说，五官科包含眼科、耳鼻喉科、头颈外科等。常见的五官科疾病包括盲，聋哑，白内障，青光眼，中耳疾病，眼部、耳部、咽喉部肿瘤等。在本章节中，选取了核保时较为常见的三叉神经痛、失聪、听神经瘤的典型案例进行探讨。

严格来说，三叉神经痛属于神经系统疾病。三叉神经痛是一种急性单侧面部剧痛，起源于一侧面部的传感神经。这是多发性硬化的一个重要特征，尤其是当疼痛区域为面部双侧，或发病在 40 岁前时。据统计，成年及老年人是发病的主要群体，其中 40 岁以上占比 70%～80%，高峰年龄在 48～59 岁，性别差异方面女性患病更多，约为 3∶2。

听力下降(耳聋)是一种听力完全或部分丧失的疾病。耳聋可以是单侧或双侧，可逆或不可逆的，进行性或暂时性的。听力障碍是一种常见疾病，从婴儿至老年人均可发生。在我国，存在听力障碍的人大约占人口总数的 10%，美国为 8.6%，英国为 7%，澳大利亚为 11%。据估计，全球每一千名婴儿中就有一名伴有严重的听力障碍，并且其中 50% 是遗传性的。

听神经瘤是起源于听神经鞘的肿瘤，为常见的颅内良性肿瘤。常见于成年人，高峰在 30～50 岁，20 岁以下者少见。除了听力损失、耳鸣、眩晕的症状外，部分病例还有三叉神经功能障碍、头痛、面神经功能障碍的表现，主要与病情进展肿瘤增大压迫神经导致。

三叉神经痛核保案例

投保信息

年龄：45 岁　性别：女　职业：律师　年收入：12 万元

投保途径：线上投保　　投保时间：2018 年 10 月

保险历：无　　　　投保险种：终身寿险　保额：20 万元

健康告知：投保时告知无健康异常

二次核保原因：客户 2019 年 5 月因三叉神经痛住院向保险公司提交理赔申请。保险公司要求客户提供相应住院资料并展开调查，发现客户存在未如实告知情况，遂提出二次核保申请。

核保思路

根据被保险人的理赔申请，被保险人因三叉神经痛经过分别在不同的医院经过两次住院治疗：

2019 年 4 月 3 日，被保险人因左面部间断性疼痛 1 年余，在某医院住院治疗。出院诊断为左侧三叉神经痛、双耳神经性耳聋、左侧上颌窦炎。并针对左侧三叉神经痛进行治疗。2018 年 4 月 16 日出院，出院时仍存在左侧面部疼痛，间断发作的现象。

2019 年 5 月 1 日，被保险人前往第二家医院进行住院治疗，并进行手术。入院记录显示被保险人同样是因为三叉神经痛被收治入院。术前进行心电图、头颅 CT 以及胸部正片的检查，均无明显异常。被保险人于 2019 年 5 月 3 日进行三叉神经减压术，术后未再出现面部抽搐，伤口愈合良好，于 2019 年 5 月 8 日出院。

风险解读

三叉神经痛是最常见的脑神经疾病，以一侧面部三叉神经分布区内反复发作的阵发性剧烈痛为主要表现，国内统计的发病率女略多于男，发病率可随年龄而增长。三叉神经痛多发生于中老年人，右侧多于左侧。

该病的特点是在头面部三叉神经分布区域内，发病骤发、骤停、闪电样、刀割样、烧灼样、顽固性、难以忍受的剧烈性疼痛。说话、洗脸、刷牙或微风拂面，甚至走路时都会导致阵发性的剧烈疼痛。疼痛历时数秒或数分钟，疼痛呈周期性发作，发作间歇期同正常人一样。通常疼痛是由血管襻或结构性损伤引起的神经根压迫（例如动静脉畸形或听神经瘤）。需要特别注意的是，如果申请人年龄在 40 岁以下，则必须通过 MRI 或 CT 排除潜在的疾病；如果申请人年龄在 40 岁以上，则结构性损伤很少导致这种疾病。

该病诊断是基于临床表现，特别是在申请人年龄较小的情况下，应该先排除潜在疾病。如果进行治疗，通常先进行药物治疗（例如卡马西平）。如果不缓解，可以考虑手术。

参考再保手册，针对三叉神经痛，根据发病距投保的时间以及发病次数，若最后一次发作距今大于 6 个月的，根据恢复情况，寿险可考虑标体或加费 50 点。

核保结论

综合以上被保险人的病史资料以及治疗情况，考虑该被保险人的三叉神经痛主要为原发性疾病，为神经压迫引起，并已进行过手术，且手术后疼痛症状解除，故给予标准体承保。

核保启示

对于三叉神经痛的核保评估，首先要区分为原发性还是继发性。如果是原发性则对疾病本身进行评审即可。如果为继发性，则需要找到引起三叉神经痛的疾病，针对引起的疾病进行评估，故需要客户进行全面检查并通过 CT 或 MRI 排除潜在疾病，且最后一次发作的时间至投保时间，以 6 个月为分界点，结合客户提供的病史资料，依据具体临床表现进行综合判断。

失聪核保案例

投保信息

年龄：9 岁　　　　性别：女　　　　职业：学生　　　　年收入：无

投保途径：线上投保　　　　　　　咨询时间：2019 年 7 月

保险历：无　　　　　　　　　　　投保险种：重大疾病保险

咨询内容：先天性极重度耳聋（双侧），2 岁时做了人工耳蜗植入术，咨询能否投保重大疾病保险。

核保思路

先天性双耳失聪属于一级残疾，保险公司一般对于残疾人投保有相应的管理规定，可视被保险人的残疾状况要求进行生存调查或增加必要的体检项目。核保首先需要确定客户告知的残疾情况是否可保，同时由于客户的失聪是先天性的，2 岁的时候才完成人工耳蜗的植入，因此核保还需要进一步了解客户语言发育有无受损，是否影响承保条件。基于此，该案的核保评估可从规则的调阅和健康资料的收集两方面着手。

从客户 1 岁时的检查病历来看，因父母感觉其听力差，遂进行耳镜检查，双鼓膜完整，听力检查双耳 105 分贝，临床诊断为先天性耳聋。2 岁时进行植入人工耳蜗手术，住院病历提示：双耳极重度耳聋，CT 检查颅脑无异常。客户进一步告知，其 2010 年在多家医院就诊确诊后选择在北京进行植入人工耳蜗，说明家庭对其健康问题比较重视，安全意识比较强，家庭认知及经济状况亦比较良好，逆选择及其他道德风险可能性较低，投保商业保险动机正常。

此外，客户提供的体检报告显示，双耳植入人工耳蜗后听力正常，其他体检结果均无异常。

风险解读

1. 残疾人投保的管理规定

残疾程度		体检要求		累计风险保额(万元)		附加险保额(万元/份)	
		一般体检	胸部 X 光	寿险	重疾险	意外险	医疗险
聋哑	聋且哑	√	×	20	10	5	2
	聋或哑	√	×	30	10	10	同常人

　　如被保险人财务状况良好，核保人根据风险评估结果可在本表格规定的基础上适当增加风险保额，但必须进行财务核保。除残疾外还有其他风险因素则以核保人的判断为准。

　　该客户无未成年人，残疾事实清楚，家庭财务状况良好，且父母极其重视其健康问题，无须考虑逆选择及其他道德风险。因此可以在公司规定的残疾人风险保额限额的基础上，结合其父母的投保情况适当调高保额上限。

2. 疾病概述

　　失聪就是丧失听力人的听觉阈提高，称为听阈上移或听力损失，又叫失聪，俗称耳聋。

　　根据听力损失的程度可分一级耳聋，二级，三级，四级。正常人的听力范围：－10～25分贝；四级：听力损失范围：40～60分贝；三级：听力损失范围：61～80分贝；二级：听力损失范围：81～90分贝；一级：听力损失范围：大于等于90分贝。

　　根据听力损失的性质可分为传导性，感音神经性，混合性；

　　根据听力损失的部位可分为药物性，大前庭，高频渐进性，先天性。

　　病因：先天性或后天获得性，如因感染(腮腺炎，麻疹)，中毒(药物)，噪声，外伤等。

　　该客户的听力双耳105分贝，按听力损失程度分级属于一级耳聋，且病因为先天性不可逆的感音神经性耳聋。结合体检和面核结论，该客户行人工耳蜗植入术后，目前语言交流、沟通能力正常，未受耳聋影响，因此，仅需要评估耳聋对重疾责任的影响即可。

3. 条款解读

客户希望投保的重大疾病保险产品条款中对双耳失聪、植入人工耳蜗的疾病定义如下：

（十三）双耳失聪

指因疾病或意外伤害导致双耳听力永久不可逆性丧失，在500赫兹、1000赫兹和2000赫兹语音频率下，平均听阈大于90分贝，且经纯音听力测试、声导抗检测或听觉诱发电位检测等证实。

被保险人申请理赔时年龄必须在三周岁以上，并且提供理赔当时的听力丧失诊断及检查证据。

（二十）植入人工耳蜗手术

指因疾病或意外伤害导致耳蜗或听觉神经永久性损坏，被保险人实际已经在医院内进行了必需的人工耳蜗植入手术。

该客户的健康状况同时符合双耳失聪和植入人工耳蜗手术两项责任，需按既往症评估。

4. 再保手册的评点建议

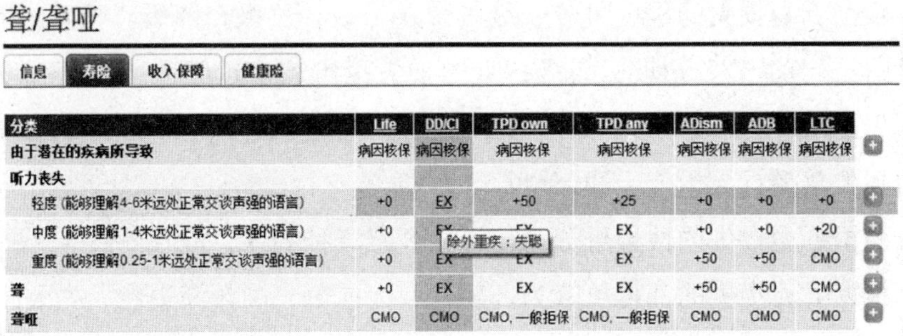

聋/聋哑

| 信息 | 寿险 | 收入保障 | 健康险 | | | | |

分类	Life	DD/CI	TPD own	TPD any	ADism	ADB	LTC
由于潜在的疾病所导致	病因核保	病因核保	病因核保	病因核保	病因核保	病因核保	病因核保
听力丧失							
轻度（能够理解4-6米远处正常交谈声强的语言）	+0	EX	+50	+25	+0	+0	+0
中度（能够理解1-4米远处正常交谈声强的语言）	+0	EX	EX	EX	+0	+0	+20
重度（能够理解0.25-1米远处正常交谈声强的语言）	+0	EX	EX	EX	+50	+50	CMO
聋	+0	EX	EX	EX	+50	+50	CMO
聋哑	CMO	CMO	CMO，一般拒保	CMO，一般拒保	CMO	CMO	CMO

（图中标注：除外重疾：失聪）

结合再保评点建议，双耳失聪属于重疾责任，建议给予除外相应责任的承保条件。

核保结论

根据客户的病史资料、告知情况和体检报告，客户双耳失聪事实清楚，语言其他功能在植入人工耳蜗手术后未出现功能障碍，结合保险公司的核保规则，建议客户的重疾保险计划和承保条件如下：

1. 保险计划

建议重疾限定保额 10 万元，可视其父母的投保情况适当增加一定保额，但不能超过其父母的保额；

2. 承保条件

除外双耳失聪，植入人工耳蜗手术的重疾保险责任。

核保启示

残疾人投保重疾险的核保咨询，核保首先需要清楚公司对残疾人投保的管理规定，在可以接受投保的前提下，再考虑如何指导客户如何补充健康资料和制订保险计划，

对于失聪案例，我们首先要了解其失聪的原因，先天性还是后天获得性，一般靠投保如实告知获得。如失聪距投保时间较短，需要提供相关确诊病例资料等，如成年人投保距发病时间较长，更需要注意体检和契约调查了解客户言语及其他功能是否出现障碍。结合不同险种的保险责任，重疾一般除外对应的保险责任，同时需要结合管理办法对于残疾人投保各险种的最高限额规定指导客户制订合理的保险计划。

听神经瘤核保案例

投保信息

年龄：40 岁　　性别：男　　职业：一般内勤　　年收入：5 万元

投保途径：线上投保　　　　投保时间：2019 年 5 月

投保险种：重大疾病保险 10 万元　　　　住院医疗保险 1 万元

核保原因：投保时健康告知无异常，2019 年 10 月通过电话客服申请保全，补充告知投保前(2017 年 12 月)听神经良性肿瘤(左)、面神经麻痹住院史，因此转入二次核保评估。

核保思路

互联网投保，投保后不到半年补充告知投保前 2 年内的疾病手术史，

可考虑有明显的故意倾向，核保处理时需关注资料的真实性、有效性以及资料的完整性，在此基础上再考虑健康风险的资料收集以及风险审核尺度。

☆健康资料收集

2017 年 12 月 22 日因"听神经良性肿瘤(左)、面神经麻痹"住院，根据检查结果显示，左侧桥小脑角区异常信号，考虑听神经瘤可能性大，医生建议手术治疗。

2017 年 12 月 25 日进行手术，术后病理诊断为(桥小脑角区)听神经鞘瘤，为良性肿瘤。被保险人出院诊断为听神经良性肿瘤(左)、面神经麻痹，出院医嘱为注意休息、按时服药以及出院 2 周复查。

风险解读

1. 疾病信息

听神经瘤多源于第 VIII 脑神经内耳道段，亦可发自内耳道口神经鞘膜起始处或内耳道底，听神经瘤极少发自听神经，而多来自前庭上神经，其次为前庭下神经。一般为单侧，双侧同时发生者较少。

早期临床表现为耳部症状，肿瘤体积小时，出现一侧耳鸣、听力减退及眩晕，少数患者时间稍长后出现耳聋、耳鸣可伴有发作性眩晕或恶心、呕吐。案例中客户前往就医时已出现中期面部症状。肿瘤继续增大时，压迫同侧的面神经和三叉神经，出现面肌抽搐及泪腺分泌减少，或有轻度周围性面瘫。三叉神经损害表现为面部麻木、痛、触觉减退、角膜反射减弱、颞肌和咀嚼肌力差或肌萎缩。

作为良性肿瘤，听神经瘤是常见颅内肿瘤之一，占颅内肿瘤的 7％～12％，占桥小脑角肿瘤的 80％～95％。多见于成年人，高峰在 30～50 岁，且复发概率较高。肿瘤体积大时，会出现晚期小脑桥脑角综合征及后组颅神经症状。压迫脑干、小脑及后组颅神经，引起交叉性偏瘫及偏身感觉障碍，小脑性共济失调、步态不稳、发音困难、声音嘶哑、吞咽困难、饮食呛咳等。发生脑脊液循环梗阻则有头痛、呕吐、视力减退、视乳头水肿或继发性视神经萎缩。

听神经瘤可以选择显微手术切除治疗。有时使用单次高剂量照射来杀死肿瘤细胞，但同时会对脑组织有微小的伤害。如果及时去除肿瘤，预后良好。

解读：该客户听神经瘤手术后不足 2 年投保，根据疾病信息，虽然听神经瘤为良性肿瘤，但复发概率较高，因此后续住院医疗险风险较高，且提供病历资料不全，无完整的术后专科随访病历，手术有无后遗症或其他手术损伤情况不详，风险评估困难。

2. 再保手册的评点建议

根据再保手册评点建议，在病历资料完整的前提下，听神经瘤既往症 2～3 年，寿险评点加费 150，重疾险除外责任。

核保结论

根据被保险人住院病历及出院记录、影像检查结果显示被保险人为听神经良性肿瘤(左)、面神经麻痹，因此核保结论如下：

疾病诊断明确，考虑疾病复发风险高，且为颅内手术，建议医疗险拒保。结合再保评点建议，手术后时间有 2 年多，如病历资料完整，无术后损伤等后遗症的情况下，可考虑重疾除外相应重疾责任条件承保。由于该客户没有提供出院后的随访检查资料，无法得知手术后的并发症及预后情况，且客户为网络投保，资料收集困难，结合本次核保任务为补充告知，本身客户存在故意不实告知，故建议重疾险拒保。

核保启示

实务中，对于保全补充告知类核保任务，首先需要评估客户的故意程度，对于投保时非常明确的健康告知事项，且疾病有过手术或长期服药的情况，建议核保考虑有明显的故意倾向，资料收集时需重点关注真实性和有效性。

对有手术史的疾病，医疗险评估时，首先应考虑有无复发及后续治疗风险，如阑尾炎、外伤性骨折内固定去除术这类手术可以根治的，不会有后续风险，则无须理会，对于听神经瘤的这种复发风险较高的疾病，且存在于颅内，可能并发其他风险，通常医疗险建议拒保。

重疾险的核保评点重点为被保险人既往病史发生的时间，术后病理的良恶性以及有无后遗症、并发症的情况进行评估，核保时，需被保险人提供详细的病史资料，依据具体疾病表现及检查结果综合判断疾病风险对承保的影响。

第十一章 新生儿疾病

新生儿，是指胎儿娩出母体并自脐带结扎起，至出生后满 28 天这一段时间的婴儿。常见的新生儿疾病包括新生儿肺炎、新生儿黄疸、出生缺陷、窒息复苏等。本章节选取了核保时较为常见的川崎病及卵圆孔未闭、新生儿低体重、新生儿黄疸、新生儿缺氧缺血性脑病的典型案例进行探讨。

小儿皮肤黏膜淋巴结综合征，又称川崎病，是以全身性血管炎为主要病理改变的急性发热性出疹性疾病，常见于婴幼儿，男多于女。川崎病属自限性病程，多数预后良好，但部分患者可有冠脉病变等后遗症，是引起儿童后天性心脏病的原因之一。卵圆孔是心脏房间隔胚胎时期的一个生理性通道，正常情况下婴儿在出生后 2 个月左右融合，若超过 1 岁未能融合则形成卵圆孔未闭合，是目前成年人中最为常见的先天性心脏异常之一。

出生体重小于 2500g 的婴儿，称为低出生体重儿。胎儿阶段，母亲营养不良或疾病因素都可导致胎儿发育迟缓，在出生时体重过低。这样的新生儿皮下脂肪少，保温能力差，呼吸机能和代谢机能都比较弱，容易感染疾病。死亡率比体重正常的新生儿要高得多，其智力发展也会受到一定的影响。

新生儿黄疸是指新生儿期由于胆红素代谢异常，超出了人体的代谢能力，引起体内胆红素水平升高，导致皮肤、巩膜及其他脏器黄染。黄疸是新生儿最为常见的临床问题之一。新生儿黄疸又可分为生理性和病理性两类，其中生理性多可自行消退，病理性则需要根据病情给予相应的治疗。

新生儿缺氧缺血性脑病，是指在围产期窒息而导致脑的缺氧缺血性损害。本病不仅严重威胁新生儿的生命，并且是新生儿期后病残儿中最常见的病因之一。

川崎病核保案例

投保信息

年龄：2岁6个月　　　　　　　　　性别：男

投保途径：线上投保　　　　　投保时间：2019年6月

投保险种：重大疾病保险　　　保额：20万元

核保原因：客户告知曾有川崎病住院史，转入人工核保评估。

核保思路

川崎病史，首先需要关注病史距投保时是否已经超过半年，如未超过半年，可以直接延期。本案客户投保时病史已1年8个月，可以收集完整的病历资料进一步核保。病史资料收集：需要提供首次发病住院及后续随访的完整病历和超声心动图检查报告：

2017年10月住院病历：院内心超、心动图未见异常，出院诊断为：川崎病、急性支气管炎、泌尿系感染、肝功能受损。出院医嘱：两周后心血管科门诊复查；遵医嘱继续口服阿司匹林。

2019年4月的心脏彩超以及肝功能检查报告：心脏功能未见异常，目前发育良好。

风险解读

1. 疾病概述

川崎病又称急性发热性皮肤黏膜淋巴结综合征。80%发生于5岁以下的孩子，6～18个月婴幼儿发病最多。主要临床表现是全身血管炎、急性发热、皮疹和浅表淋巴结肿大。其病理特征为全身中、小血管炎，主要累及冠状动脉，其他动脉如髂动脉、股动脉、腋动脉、肾动脉较少累及。冠状动脉受累引起的冠脉瘤和狭窄最为严重，可导致缺血性心脏病、心肌梗死和猝死。

2. 并发症

心脏血管系统侵犯，常是造成川崎病患者死亡的主要原因。发病1～3

周时，15%～20%的川崎病患者可能产生冠状动脉瘤。超过50%的冠状动脉瘤会在1～2年内消失，特别是常见的直径小于8mm的中小型管状动脉瘤。直径超过8mm的巨大管状动脉瘤，后续追踪经常无法完全消失，容易形成血栓造成急性心肌梗塞或冠状动脉瘤破裂，两者都可能引起猝死(猝死率占所有病患的2%)。心肌梗塞常发生在发病6～8周内，后续也可能因冠状动脉扩张痊愈后，疤痕组织造成冠状动脉狭窄或钙化引起心肌缺氧。

3. 治疗目的

控制全身血管炎症，防止冠状动脉瘤形成及血栓性阻塞，主要药物为阿司匹林、丙种球蛋白。

4. 预后

绝大多数病人预后良好，没有合并冠状动脉疾病的患者可自然痊愈，康复周期6～8周。急性发作完全康复后，复发率少于3%，初发年龄＜3岁者再发率较高，多在1年内再发。

发生冠状动脉病损的病人。其预后视冠脉损伤的严重程度而异，50%以上的冠状动脉瘤多于病后2年内自行消失，但常遗留管壁增厚和弹力纤维减弱等功能异常，因此，即使动脉瘤小时，有些病人也会过早出现动脉粥样硬化的危险。

冠状动脉受累的长期意义在于它使儿童容易发生冠状动脉狭窄和冠状动脉血栓形成，也是造成儿童时期缺血性心脏病的主要原因，还可能在成年后引发冠心病。

无心脏受累患者预后好，且预期寿命正常，有心脏受累时，长期预后不确定，心肌梗死的长期发病率可能升高，并导致死亡率相应升高。

5. 再保建议

有冠状动脉受累形成冠脉瘤者一律拒保，无冠状动脉受累形成冠脉瘤者按发病后时间和并发症情况评估。

核保结论

该案客户川崎病出院诊断的病史资料未提及有心血管病症等并发症，且后续的心脏彩超复查也未见异常，结合保单责任，重疾予以除外严重川崎病。

核保启示

小儿川崎病如果没有并发严重的心血管疾病，一般预后较好，特别是急性期后完全消失的症状，可以不予关注，如果发生冠状动脉病损，其预后取决于冠脉损伤(扩张)程度，恢复时间和痊愈情况，如果发病后 1 年内，仍不能排除并发症状的，重疾一般需延期处理，如果发病后时间在 1 年以上，且治愈后没有发生并发症，才可以考虑重疾按保单责任除外川崎病。

新生儿低体重核保案例

投保信息

年龄：0 岁(5 个月)　　　　性别：男

投保途径：线上投保　　　咨询时间：2019 年 10 月

保险历：无　　　　　　　投保险种：重大疾病保险

咨询内容：拟投保的被保险人出生体重 2100 克(小于 2500 克)，与拟投保的重疾产品的健康告知不符，提供出生证明咨询能否投保该重疾产品。

核保思路

客户提供的出生医学证明显示：被保险人出生孕周 38＋6 周，出生体重为 2100 克，出生身长 45 厘米。属于足月小样儿，单独出生证明无法了解被保险人除出生体重较轻外，有无合并其他异常情况，因此可以考虑要求客户补充提供小儿出生时的出院记录及儿保手册/健康检查记录等健康资料。

新生儿出院记录：投保人(其母)患"妊娠期糖尿病，妊娠期高血压"，因胎膜早破，在孕 38＋6 周时行破腹产，出生体重 2.1kg，因出生体重低入院，出院诊断为低出生体重儿、足月小样儿、糖尿病母婴综合征、新生儿高胆红素血症、缺氧性心肌损害、高危儿。出院医嘱建议继续住院治疗，但患儿家长要求出院。

儿童保健卡信息显示最近一次的检查日期为满月时检查记录，体重 3.2kg，身长 50.5cm。

风险解读

1. 低出生体重儿

出生体重小于 2500g 的婴儿，称为低出生体重儿。胎儿阶段，母亲营养不良或疾病因素都可能导致胎儿发育迟缓，在出生时体重过低。这样的新生儿皮下脂肪少，保温能力差，呼吸机能和代谢机能都比较弱，容易感染疾病。死亡率比体重正常的新生儿要高得多，其智力发展也会受到一定的影响。

2. 足月小样儿

小样儿(又称小于胎龄儿，宫内生长迟缓)是指出生体重低于同胎龄儿平均体重第 10 百分位数，或低于平均体重 2 个标准差的一组新生儿。有早产、足月和过期小样儿之分。足月小样儿(胎龄≥37 周，<42 周)出生体重多低于 2500g，在小样儿中最常见。小样儿可能是胎儿宫内生长受限的结果，其中一部分属于生长发育偏小但健康的新生儿。此类婴儿因孕周已足，但出生后能力低下，容易发生胎粪吸入、低体温、红细胞增多症、低血糖、宫内感染等先天异常，尤其可发生发育、神经行为及智力落后，且小样儿死亡率为正常足月儿的 8 倍。

3. 新生儿高胆红素血症

新生儿高胆红素血症是由于胆红素产生增加(如过量输血使血红蛋白增高，溶血病，血肿)，胆红素排泄减少(如早产儿葡萄糖醛酸转移酶活性低，肝炎，胆道闭锁)所导致，或兼而有之，因此黄疸的出现是多种疾病的征象。

新生儿高胆红素血症以未结合型最为多见，过量积累大量未结合胆红素可导致核黄疸。结合型高胆红素血症(直接高胆红素血症)偶尔可能发生在肠道外营养并发的胆汁淤积。引起新生儿高胆红素血症的全部原因见表 260—3。阻塞性疾病表现有结合型高胆红素血症，但新生儿败血症和胎儿型有核红细胞增多症也可表现有结合型高胆红素血症。

母乳型黄疸是新生儿未结合型高胆红素血症的一种形式，其发病机制尚不明确，偶尔有母乳喂养的足月儿，在第 1 周内发生进行性的未结合型高胆红素血症。在以后的怀孕中有再发生的趋势。

4. 缺氧性心肌损害

窒息是新生儿常见的症状之一，也是新生儿的主要死亡原因。窒息缺氧可引起机体多功能的损害，如肝、肾、脑、心、肺及代谢各方面。心肌缺氧引起的心肌损害就称为缺氧性心肌损害。

5. 高危儿

高危儿是指在胎儿期、分娩时、新生儿期受到各种高危因素的危害，已发生或可能发生危重疾病的新生儿。绝大多数高危儿能完全健康地生长发育，部分高危儿视疾病危重程度以后可能有运动障碍、智力低下、语言障碍、癫痫、多动、学习困难、自闭、行为异常等后遗症发生。

综合以上几个诊断的可能预后，均需要通过一定的时间观察被保险人的生长发育情况来排除不利的承保风险。

核保结论

被保险人为 5 个月大男婴，出生时体重 2100g，体重较轻。被诊断为高危儿、低出生体重儿、足月小样儿、糖尿病母婴综合征、新生儿高胆红素血症和缺氧性心肌损害。且未治愈便出院、出院后的儿保记录仅提供满月时检查结果，后续未见近期的儿保记录。鉴于被保险人的健康原因，建议延期一年后再投保。

核保启示

对于出生体重较轻的婴儿，核保员应密切关注其是否为低出生体重儿。凡孕期不到 37 周，出生体重低于 2500 克，身长不到 45 厘米，称早产婴或未成熟儿；孕期在 37~42 周，出生体重低于 2500 克，称足月小样儿；孕期在 42 周以上，出生体重低于 2500 克，称成熟不良儿，以上三者统称低出生体重儿。低出生体重儿皮下脂肪少，保温能力差，呼吸机能和代谢机能都比较弱，容易感染疾病，死亡率比体重正常的新生儿要高，其智力发展也会受到一定的影响。

对于低出生体重儿的投保，核保需根据被保险人出生时的胎龄、出生体重、身长、阿氏评分、出院诊断、出院医嘱、出院后的儿保记录、预防接种记录等等综合信息做出核保评估，情况良好且生长发育健康的被保险人可以考虑标准体承保，若情况较为严重或目前生长发育不良、健康风险较大时须做延期或拒保处理。

新生儿黄疸核保案例

投保信息

年龄：0 岁(5 个月)　　　性别：男　　　投、被保险人关系：母子

投保途径：线上投保　　　咨询时间：2019 年 10 月

保险历：无　　　　　　　咨询险种：重大疾病保险

咨询内容：投保人通过线上投保了解到一款终身重大疾病保险，在阅读健康告知以后发现部分内容与被保险人情况不符，因此向保险公司咨询，同时提供了被保险人的出生医学证明：出生孕周 36 周、出生体重 2.675 千克，身长 48 厘米。

核保思路

出生时早产(未满 37 周)，需要了解早产原因，出生时有无异常状况，有无留院观察或转新生儿科住院治疗。目前生长发育情况有无异常，是否符合月龄。

需要收集完整的住院病历和出院后儿保健康检查记录和(或)早产儿专科随访的病历记录、DDST 等检查。

健康资料收集，客户提供门诊病历记录：

1. 生后 23 天皮肤黄染未退(无其他异常症状记录)，经皮胆红素测定 16.2mg/dl，诊断：黄疸待查，建议遵循医嘱用药治疗。

2. 经治疗近 1 月余，复查经皮胆红素测定 10.1mg/dl。

风险解读

新生儿黄疸是由于胆红素代谢异常，引起血中胆红素水平升高，而出现于皮肤、黏膜及巩膜黄疸为特征的病症，有生理性黄疸和病理性黄疸之分。

生理性黄疸在出生后 2～3 天出现，4～6 天达到高峰，7～10 天消退，早产儿持续时间较长，除有轻微食欲不振外，无其他临床症状。

新生儿病理性黄疸的诊断标准(摘自全国高等学校教材《儿科学》第 7 版)：生后 24h 内出现黄疸；血清胆红素足月儿＞221umol/L(12.9mg/dl)，早产儿＞257umol/L(15mg/dl)；黄疸持续时间足月儿＞2 周，早产儿＞4 周；黄疸退而复现；血清结合胆红素＞34umol/L(2mg/dl)。

若具备上述任何一项者均可诊断为病理性黄疸。

生理性黄疸多不用治疗，而病理性黄疸可能引起后果严重的胆红素脑病即核黄疸，据统计核黄疸 50%～70%死于急性期，幸存者 70%～90%有神经系统后遗症。

新生儿黄疸与早产、低出生体重、缺氧、酸中毒、败血症、颅内出血等诸多因素有关，近年来大量资料证实围生因素(如产伤、休克、缺氧、低温、酸碱紊乱)占高胆红素血症的 5.7%～56.8%，新生儿溶血症占第 2 位，原因不明者与母乳性黄疸较前增多。

1. 风险疑问：被保险人的新生儿黄疸，是生理性黄疸还是病理性黄疸？

该客户出生后 23 天黄疸未消退就诊，经皮胆红素测定 16.2mg/dl，与生理性黄疸 7～10 天可以消退不符，但黄疸持续天数和血清胆红素的检测值两项均符合病理性黄疸的诊断标准，因此该客户的新生儿黄疸是病理性黄疸。

2. 风险疑问：若是病理性黄疸，则产生胆红素脑病的风险有多大？

"胆红素脑病"指胆红素对基底节及各种脑干神经核毒性所致的中枢神经系统临床表现。分为急性胆红素脑病和慢性核黄疸后胆红素脑病。

急性胆红素脑病的主要临床表现：

初期：轻度迟钝、轻度肌张力低下、运动减少、吸吮不好、哭声稍高尖。

中期：中度迟钝—激惹、肌张力变化不一、常增高、有些出现颈后仰—角弓反张、吸奶不好、哭声高尖。

极期：极度迟钝至昏迷、肌张力常增高、有些出现颈后仰—角弓反张、不进食物、哭声高尖。

慢性核黄疸后胆红素脑病的主要临床表现：锥体外系运动异常，特别是手足徐动症；注视异常，斜视及凝视性瘫特别是不能向上视；听力障碍，特别是神经感觉性听力丧失；智力发育障碍，仅少数为智力缺陷。

以上胆红素脑病的介绍摘自《2004 年美国儿科学会指导方案》。

本案客户的病理性黄疸仅表现为黄疸长时间未消退，病程中未出现肌肉张力改变等核黄疸的表现，但其他神经系统、运动发育等情况需要相应月龄时间的随访观察，且客户目前仅 5 月龄，2 月龄治疗结束至今随访情况不详。因此针对该客户的健康状况需延后评价。

核保结论

根据以上风险解读信息，该客户轻度早产出生，出生后新生儿黄疸（病理性）治疗近 1 月余好转，病程中虽未出现肌肉张力改变的胆红素脑病症状，但客户月龄小，且治疗结束后至今随访情况不详，建议延期至一周岁后再投保。（再投保建议：需提供神经系统、运动发育、肝功能及肝脏 B 超等相关检查报告在评估承保条件）

核保启示

对于新生儿黄疸，核保关注的要点为生理性黄疸/病理性黄疸、病理性黄疸需结合血清胆红素检测结果、病历记录的临床表现等指标判断被保险人有无胆红素脑病（核黄疸）风险，并依据获取的资料评估新生儿黄疸的预后和对承保条件的影响。

新生儿缺氧缺血性脑病核保案例

投保信息

年龄：0 岁(10 月余)　　　性别：女　　投、被保险人关系：母女

投保途径：线上投保　　　　投保时间：2019 年 3 月

险种：重大疾病保险　　　　保额：20 万元

核保原因：因 2 岁以下儿童健康告知内容异常，转入人工核保评估。

核保思路

2 岁以下儿童健康告知内容异常，需要了解具体的异常表现，有无留院观察或转新生儿科住院治疗。目前生长发育情况有无异常，是否符合月龄。

需要收集完整的住院病历和出院后儿保健康检查记录和(或)专科康复随访的病历记录、DDST 等检查。

健康资料收集：

1. 出生证明：出生孕周 38 周、出生体重 2.25 千克，身长 47 厘米。属于足月、低出生体重儿。

2.《学龄前儿童健康问卷》告知被保险人曾因新生儿肺炎住院，余无异常告知。

3. 预防接种卡显示被保险人接种记录完整，无异常提示。

4. 出生病历：出生诊断：低体重儿、胎儿宫内生长受限。孕母以"胎儿宫内窘迫"为手术指征行剖宫产术分娩，羊水 III°污染，出生后即转新生儿科住院治疗。

5. 新生儿病历：以"气促伴肢端皮肤紫绀 50 分钟"为主诉入院，入院检查：四肢肌肉张力弱，新生儿原始反射弱，出院诊断：新生儿肺炎、新生儿呼吸窘迫综合征以及新生儿缺氧缺血性脑病。住院 6 天，出院时医嘱其于 3 周后复诊，评估脑损伤恢复情况。

风险解读

1. 新生儿缺氧缺血性脑病(HIE)

新生儿缺氧缺血性脑病(HIE)是由于各种围生期因素引起的脑缺氧和脑血流减少或暂停导致胎儿和新生儿的脑损伤。常引起新生儿死亡或其后神经系统的发育障碍。

HIE是围产期窒息后引起的最常见和严重的并发症,90%发生在出生前和出生时。其中出生前因素约占20%,如母体大出血后继发血压过低、孕高症等,出生时因素约占70%,如难产、宫内窘迫等,生后因素约占10%,如有严重的肺部疾患(包括呼吸窘迫综合征,呼吸暂停等)以及先心病等。

缺氧是HIE发病的核心,最主要的原因是围生期的窒息,缺氧、缺血可导致脑水肿、脑出血等严重后果。根据意识、肌张力、原始反射、有无惊厥、病程及预后等,临床上将HIE分为轻度、中度、重度。

分度	轻度	中度	重度
意识	激惹	嗜睡	昏迷
肌张力	正常	减低	松软
原始反射—拥抱	活跃	减弱	消失
原始反射—吸吮	正常	减弱	消失
惊厥	可有肌阵挛	常有	有,可呈持续状态
中枢性呼吸衰竭	无	有	明显
瞳孔改变	扩大	缩小	不等大,对光反射消失
脑电图	正常	低电压,可有痫样放电	爆发抑制,等电位
病程及预后	症状在72小时内消失,预后好	症状在14日内消失,可能有后遗症	数天至数周死亡,症状可持续数周,病死率高,多有后遗症

根据病历资料中记录,被保险人入院时"四肢肌肉张力弱,新生儿原始反射弱"的情况,推测为中度HIE的可能性大,不能排除可能存在后遗

症的情况。

对于 HIE 的治疗效果和预后情况是否良好，及时诊断并迅速处理是十分重要的。治疗原则是在随时进行神经系统评估的基础上，给予对症支持疗法和预防再灌注损伤。最终的治疗目的通过及时合宜的综合措施，尽力防止 HIE 病变进展到不可逆状态，促进和等待 HIE 患儿的恢复。同时还要足够的疗程，以及强调阶段性序贯治疗和新生儿期后续治疗相结合，以最大限度地减轻脑损伤，减少后遗症。

• HIE 的评点要点

前面的疾病概述中已经讲述了 HIE 的相关知识：HIE 是由于各种围生期因素引起的脑缺氧和脑血流减少或暂停而导致胎儿和新生儿的脑损伤，是导致儿童神经系统伤残的常见原因之一，常留有脑瘫、共济失调、智力障碍和癫痫等神经系统后遗症。HIE 可能带来较严重的风险，那么它是否具有可逆性呢？回答是肯定的。主要是由于 2 岁以前，脑处于快速发育的可塑期，在 2 岁前，良好的刺激对脑功能和结果，无论在生理和生化方面均有重要影响。

HIE 的临床特征多呈非特异性，应根据病史、神经系统检查以及影像学等资料谨慎做出判断。对于患儿临床表现的观察要点诸如意识状态、反应性、脑神经功能、原始反射、肌张力以及有无惊厥等，从而判断 HIE 的轻重程度。可见，评估 HIE 的预后时不宜用单一手段，需要综合评定。

2. 新生儿肺炎

新生儿肺炎是新生儿由于吸入羊水、胎粪或乳汁后引起肺部化学性炎症反应或继发感染的统称。临床表现多为发热、拒食、烦躁、喘憋等。新生儿肺炎不仅会影响患儿的呼吸功能，病菌还可播散全身引起败血症、脑膜炎等严重并发症。在治疗上一般针对发病原因采用药物治疗，多用抗生素治疗，再配合以吸氧、雾化等对症治疗。新生儿肺炎的预后情况，一般取决于肺部炎症能否及时控制，感染细菌的数量、毒力强弱及对抗生素的敏感程度，病儿机体免疫状况，以及有无严重并发症等。

• 新生儿肺炎的评点要点

对于新生儿肺炎，如果未出现并发症，及时予以足疗程的抗生素治疗后，一般预后较好。评点时重点关注患儿治疗的疗效情况，是否发生脑膜炎、败血症等严重的并发症，以及是否对患儿的智力发育产生影响。

本案例中的女婴院内治疗效果较好，未出现所列出的并发症。但由于其未提供出院后的随访复查资料，且目前月龄较小，尚无法就目前掌握到的信息就疾病对远期的智力发育情况进行准确评估。

3. 新生儿呼吸窘迫综合征

新生儿呼吸窘迫综合征又称新生儿肺透明膜病。新生儿呼吸窘迫综合征指新生儿出生后不久即出现进行性呼吸困难和呼吸衰竭等症状，主要是由于缺乏肺泡表面活性物质所引起，导致肺泡进行性萎陷。临床典型症状为，患儿出生后出现进行性呼吸困难、呻吟、发绀、吸气三凹征。病情严重的患儿可发生呼吸困难、胸廓塌陷，并危及生命。常见的并发症如肺气肿、气胸、肺炎。新生儿呼吸窘迫综合征的治疗原则是保证患儿通换气功能正常，并给予表面活性物质替代治疗。本症为自限性疾病，能生存三天以上者肺成熟度增加，预后上一般较好。

• 新生儿呼吸窘迫综合征的评点要点

是否留有后遗症，对患儿的智力发育有无影响是评点时要考虑的要点。而窒息、缺氧的严重程度和持续时间则对患儿的预后是决定性因素。核保人员评点时除了重点关注患儿转新生儿科后的病历，对于出生时医务人员所作的 apgar 评分也可以纳入考虑范围，协助判断。

新生儿娩出后根据皮肤颜色、心率、呼吸、肌张力、反射五项体征进行评分。满 10 分者为正常新生儿，评分 7~10 分轻度窒息，评分 0~3 分重度窒息。轻度窒息往往不留后遗症，而重度窒息则会有反复抽搐的表现，甚至会遗留脑瘫、智力、运动发育迟缓等后遗症。对比本案例中女婴的情况，其出生时 1 分钟评分 9 分，5 分钟评分为 10 分，可见出生时没有明显的窒息情况，这对于评点时一个有利点，但是由于羊水是 3 度污染的情况，推测女婴后来的发绀、气促与产时呛入污染羊水可能性大，前面已做展开，这里不再赘述了。

核保结论

考虑被保险人为低出生体重儿，且出生病历示宫内窘迫，新生儿病历示新生儿肺炎、呼吸窘迫综合征、新生儿缺氧缺血性脑病（HIE）、且未配合提供后期随访复查资料、儿保手册及儿童健康检查记录。综合考虑给予延期至满两周岁，提供儿保手册/儿童健康检查记录后再行投保的核保结论。

核保启示

对于两周岁以下的婴儿投保时，需要首先关注投保时提供的出生证明，对于足月产、正常体重的婴儿，完整接种疫苗、儿保检查无异常且无健康告知所表明的其他异常情况，一般可予以正常承保。而若有转儿科病史，或者早产、异常体重等情况，则应进一步要求投保人提供资料，包括转儿科病历，相关的检查报告，出院后的随访复查资料等。所患疾病如果可能导致对智力发育有影响的，应慎重下核保结论，因为较小月龄时无法准确评估婴儿的智力发育是否有异常，可考虑延期核保，此外，在评估HIE病史被保险人的风险时，检查报告往往只能反映器质性的改变，无法准确反映被保险人的智力发育情况。因此有时体检不如面见被保险人效果更好，体检的效果不如实践的检验。因此核保人员在评估时，也可酌情借助面核面访、生调等手段。

第十二章 循环系统疾病

常见的循环系统疾病包括冠脉疾病、周围血管病、心律失常、心脏瓣膜病、肺心病等。在本章节中，选取了核保时较为常见的冠心病、先天性肺动脉瓣狭窄、心超异常及心动过缓、主动脉型心脏的典型案例进行探讨。

冠状动脉粥样硬化性心脏病，简称冠心病，是指因冠状动脉狭窄，供血不足致心肌缺血而引起的心肌功能障碍和(或)器质性病变。冠心病多在中年以上发病，男性发病率与死亡率明显高于女性。血脂异常、高血压、糖尿病、吸烟、肥胖都是冠心病的常见危险因素。

肺动脉狭窄作为单发畸形为常见先天性心脏病之一，约占先天性心脏病的10%～20%，其中以瓣膜狭窄最为常见，约占70%～80%。肺动脉狭窄的基本血液动力学变化是右心排血受阻，右心室收缩压升高，导致右心室肥厚。

成人心动过缓的定义是静息心率低于60次/分。但是，心率降至50次/分以下之前，心动过缓很少有症状，绝对心动过缓的定义是心率低于40次/分。多数有窦性心动过缓现象的青壮年属于生理性，往往反映体格非常健康。但也有部分病例是与服用β-受体阻滞剂、地高辛等药物有关。核保时要注意根据被保险人的年龄、基础疾病进行鉴别。心脏彩超是唯一能动态显示心腔内结构、心脏的搏动和血液流动的仪器。对于心脏结构改变、先心病、心脏功能评估都是首选的检查方式之一。

主动脉型心脏是指后前位，呈靴形，心腰凹陷，心左缘下段向左扩展，主动脉球突出，常见于高血压病和主动脉瓣病变。

肺动脉瓣狭窄核保案例

投保信息

年龄：3 岁　　　性别：男　　　职业：学龄前儿童

投保途径：线上投保　　　投保时间：2019 年 10 月

投保险种：重大疾病保险　　　保额：50 万元

核保原因：被保险人告知一年前曾经做过肺动脉瓣狭窄球囊扩张术，转入人工核保评估。

核保思路

被保险人存在异常健康告知，需了解告知的内容及具体情况，根据提供的病历及随访复查资料了解疾病的严重程度、手术方式、预后及当前恢复情况来判断是否影响投保险种的核保结论。

被保险人告知 1 年前做过肺动脉瓣狭窄球囊扩张术，核保人需要下发问题件了解就诊时间，医生的诊断，如何治疗，手术方式，目前恢复情况，后续随访复查情况，并要求被保险人提供完整的住院病历(入院记录、手术记录、出院记录及院内化验检查报告)、出院后随访病历及近期复查的心超、心电图等资料。投保人提供了被保险人相关资料：

病历显示被保险人于出生后 10 个月时进行了肺动脉瓣狭窄球囊扩张术，术后定期随访中，于 2017 年 12 月再次住院，入院诊断结果仍为：先天性心脏病：肺动脉瓣狭窄，心功能 I 级，医生建议择期手术。术前心电图和心脏彩超检查结果：肺动脉狭窄(重度)。

根据客户提供出院病历显示，被保险人于 2017 年 12 月 13 日经皮肺动脉瓣狭窄球囊扩张术，2017 年 12 月 15 日出院。出院医嘱：①院外 6 个月内避免剧烈运动；②术后定期于心内科门诊随访心脏彩超、心电图检查。被保险人于 2017 年 12 月 18 日复查，但未提供被保险人近期复查的心电图、心脏超声及门诊定期随访病历。

风险解读

1. **肺动脉瓣狭窄**

肺动脉瓣狭窄是小儿先天性心脏病第五位常见类型，约占 10％～20％，轻度完全可以适应正常生活和活动，重者可有劳累后气急，耐力差，心悸、胸痛、甚至晕厥。伴有房间隔缺损的患者，可能出现发绀与杵状指(趾)等，但多在婴幼儿期以后才出现。患者较易有肺部感染，患肺结核的颇不少见。中至重度在任何年龄随时均可出现症状，常见并发症：心力衰竭、缺氧发作、感染性心内膜炎。

2. **肺动脉瓣狭窄治疗方法**

本病的主要治疗方法是施行手术切开狭窄的瓣膜，切除漏斗的肥厚部分，切开瓣环或狭窄段补以心包或涤纶片。手术年龄以在儿童期施行为佳，症状显著，发生右心衰竭者，则在婴儿期即应施行手术。近年来一般采用带球囊心导管扩张肺动脉瓣膜狭窄的方法。本法可免除开胸手术，虽然长期疗效尚待确定，近期效果显示是很有前途的方法。

3. **肺动脉瓣狭窄的预后情况**

分类	疾病	预后
无分流类 (无发绀)	如单纯肺动脉口狭窄、主动脉口狭窄、肺动脉瓣关闭不全、右位心等	病情程度较轻者预后一般较好，多数可以存活至成年，甚至老年，很少发生尽力衰竭，但可并发感染性心内膜炎。
左至右分流类 (无发绀)	如心房间隔缺损、心室间隔缺损、动脉导管未闭等	同上
右至左分流类 (有发绀)	如法洛四联症、大血管错位、主动脉瓣闭锁等	多数预后较差，常难存活至成年，有些在婴儿期即即夭折。幼时紫绀明显的先心病，一般只有法洛四联症患者可活至成年。

由上表可见，单纯的肺动脉瓣狭窄，病情程度较轻者预后一般较好，多数可以存活至成年甚至老年，很少发生尽力衰竭，但可并发感染性心内膜炎。

4. **再保点评**

针对肺动脉瓣狭窄，重疾多做延期或加费处理。

核保结论

根据被保险人住院病历及出院记录、心脏彩超结果显示：重度肺动脉狭窄，手术后肺动脉瓣上流速明显增快，P2 减弱，可闻喷射样杂音，出院医嘱需要密切随访观察 24 个月，故予以延期 2 年。

核保启示

先心病的预后相差很大，好的可自然缓解，差的可出现充血性心衰及死亡，取决于畸形的性质和严重程度，核保结论亦可以从标准体承保到拒绝承保，故评估前对资料的充分收集是相当必要的，需要提供就诊病历的详细情况(如症状性质和程度、有无并发症、心脏功能等评估的结果)。术后无任何症状、体症或心脏仅轻微杂音，可作标体承保。

冠心病核保案例

投保信息

年龄：50 岁　　性别：女　　职业：企业负责人　　年收入：20 万元

投保途径：线上投保　　　　投保时间：2019 年 10 月

投保险种：定期寿险(优选体)　　　　保额：320 万元

健康告知：无异常

核保原因：累计寿险风险保额过高，转入人工核保评估。

核保思路

该被保险人累计寿险风险保额 320 万元，转人工核保，要求提供补充告知书、体检资料、财务资料。

1. **核保思路简述**

分析被保险人职业、年收入等财务资料情况判断保险计划是否合理？分析被保险人是否符合申请优选体费率条件？分析客户提供的体检资料是否符合要求，体检异常情况是否影响承保结论及承保费率？

体检要求如下(180 天内，全国连锁体检机构或二级甲等以上医院)：

身高、体重、血压、血常规、尿常规、心电图、空腹血糖、糖化血红蛋白、胆固醇、甘油三酯、高密度脂蛋白、低密度脂蛋白、谷丙转氨酶（ALT）、谷草转氨酶（AST）、谷氨酰转肽酶（GGT）、总蛋白、白蛋白、球蛋白、总胆红素、肌酐、尿酸、尿素氮、乙肝两对半、HIV-Ab、HCV-Ab、腹部 B 超：肝脏、胆囊、胰脏、脾脏和双肾、妇科 B 超、胸片。

2. 客户资料分析

财务核保：本案中被保险人职业为企业负责人、年收入 20 万元，补充告知书无异常，财务资料无异常，结合险种的健康告知内容，符合投保保额及申请优选体费率标准。财务核保不影响评点。

医务核保：客户提供了有效期内的体检资料。

体检异常结果：BMI：26.40，血常规轻度异常，心电图提示 T 波异常，余（一）。

血常规结果如下：

血常规

检验项目	结果	标志	参考值	单位
白细胞计数	4.420		4--10	10^9/L
中性粒细胞百分比	40.100	↓	50--70	%
淋巴细胞比率	48.600	↑	20--40	%
单核细胞比率	5.000		3--12	%
嗜酸性粒细胞比率	5.700	↑	0.5--5	%
嗜碱性粒细胞比率	0.600		0--1	%
中性粒细胞总数	1.770	↓	2--7	*10^9/L

心电图结果如下：

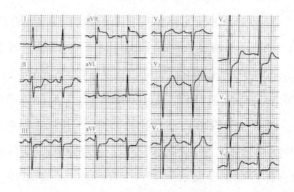

风险解读

1. T 波异常

T 波改变是一常见的心电现象。心室复极、心肌跨壁离散度和整体离散共同作用形成 T 波。任何影响心室复极、增加跨壁离散度的因素均可以引起 T 波改变。T 波改变可见于健康人，也可见于病情轻重不一的心脏疾病以及心外疾病。常见 T 波改变的临床意义：

T 波低平、倒置：①心内疾病。慢性冠脉供血不足：典型倒置 T 波呈"冠状 T 波"；重度心室肥大：可因心室肌细胞肥厚、耗氧量增加、冠脉储备能力降低等引起显著 ST－T 改变；心肌炎：常伴有 T 波低平或倒置、ST 段压低，病情改善后可恢复正常；扩张型或肥厚型心肌病的 T 波低平、倒置可长期存在，但除外心尖肥厚型心肌病；急性心包炎：在 ST 段降至基线后 T 波方转为倒置，且倒置较浅。②心外病变：颅内疾病、急腹症、内分泌疾病等均可引起 T 波倒置，无特异性。如急性肺栓塞，右胸导联 T 波倒置是急性肺栓塞最常见的改变之一。③药物：以洋地黄作用最常见，在以 R 波为主的导联，出现 ST 段下垂型压低，T 波低平或倒置，呈鱼钩样改变；奎尼丁等抗心律失常药引起 T 波改变常伴 QT 间期延长。④电解质紊乱：最常见于低钾血症，需结合临床和血钾化验。⑤正常变异和功能性 T 波改变：持久性幼年型 T 波、两点半综合征、β 受体功能亢进综合征、围绝经期综合征、体位因素、餐后、过度换气后、体型变异等均可导致 T 波低平、倒置。

T 波高耸：①急性心内膜下心肌缺血：胸导联 T 波高耸，持续时间短暂，为一过性。②急性心肌梗死超急期：T 波高耸仅出现在缺血区对应导联，具定位性，并有动态演变。③高钾血症时 T 波高耸呈帐篷状，双支对称、基底变窄，有高钾临床和化验资料。④心包炎：急性期多数导联 ST 段呈凹面向上抬高可伴 T 波高耸，急性期后转为 T 波倒置或低平。有心包炎症状和体征。⑤脑血管意外：某些出血性脑卒中急性期可见 T 波高宽、波顶圆钝、QT 间期延长，形成巨大 T 波。⑥左室舒张期负荷过重：左胸导联 T 波高耸，伴左胸前导联 R 波增高，q 波加深。⑦早期复极综合征时

T 波高耸以 V3～V5 为著，肢体导联也可出现，伴 ST 段轻度抬高(可见 J 波)，长期无动态变化，运动可转为正常，常见于青、中年，可能与迷走神经张力增高有关。⑧左束支传导阻滞：T 波高耸仅见右胸(V1～V3)导联，其余导联 T 波双向或倒置。为左胸导联继发性复极变化的对应性改变。⑨功能性 T 波增高：多见于胸导联，可伴有 R 波增高，ST 段凹面向上抬高，J 点上移。

T 波双峰：①右束支传导阻滞、右心室负荷加重的先心病：V1～V2 导联出现双峰 T 波，可能为右室复极延迟引起。当右胸导联记录到圆顶尖角型双峰 T 波时，应高度怀疑是否有室间隔缺损存在的可能。②心肌缺血、心肌缺血伴左心室肥大：双峰 T 波出现在 V5～V6 导联。③长 Q－T 综合征：可见双峰 T 波，伴 Q－T 间期明显延长。④甲亢、某些中枢神经系统疾病、酒精中毒等：偶可见双峰 T 波，可能反映交感神经张力改变引起心室复极过程的变化，无临床意义。⑤健康儿童和青年人：V1、V2 导联常可出现双峰 T 波，通常不伴其他的心电图异常。

全导联 T 波倒置：是一种特征明显但病因非特异性的心电图表现，不增加死亡风险，患者中女性占绝大多数，病因包括急性心肌缺血、心肌梗死、肺栓塞、应激性心肌病、急性脑血管病等。

2. 本案被保险人的心电图异常对核保评估的影响

本案客户心电图的异常表现为窦性心动过速、左前分支阻滞、下壁及前侧壁 ST 段呈缺血型改变(压低 0.1～0.4mV)。核保下发问题件，要求被保险人填写心脏疾病问卷，了解客户既往病史，有无专科就诊或治疗史，了解目前恢复情况，是否存有胸闷、心慌等不适症状。

2019 年 10 月被保险人提供心脏疾病问卷，告知 2017 年确诊为冠心病，而且当时有胸闷、心慌症状，心慌时伴有轻微头晕且持续一个小时左右；目前通过吃药、输液进行治疗，偶尔会有呼吸急促的感觉。因为时间久，病历没有保存。

核保结论

50 岁女性，被保险人近期心电图提示 T 波异常，存在心肌缺血表现；

心脏疾病问卷示 2017 年确诊为冠心病，而且当时有胸闷、心慌症状，心慌时伴有轻微头晕且持续一个小时左右；目前通过吃药、输液进行治疗，偶尔会有呼吸急促的感觉；考虑被保险人明确告知有冠心病史 2 年，且一直在服药，目前仍有呼吸急促的症状。综合考虑该疾病健康风险较大，且目前情况不稳定，参考再保评点，寿险予拒保。

核保启示

随着互联网保险的发展，保险公司会根据合作渠道的要求去定制保险产品。本案涉及的保险产品就是根据渠道要求而定制的高保额定期寿险，该产品为客户提供了三种费率选择，即：超优体费率、优选体费率、标准体费率。客户可根据费率申请标准选择自己可以申请的费率进行投保。在对本案进行核保时，须关注险种的特殊性，核保人需要根据险种特有的规则进行分析和评点。

T 波改变是一种常见的心电现象。任何影响心室复极、增加跨壁离散度的因素均可引起 T 波改变，识别具有真正临床意义的 T 波改变，必须结合病史和相关辅助检查，关注 T 波改变的特征、除外 T 波变异，方能做出正确分析。

核保员对于体检中发现的异常指标首先要有警觉性，分析体检异常情况是否影响核保决定。对不能掌握的疾病或检查异常须通过查阅资料的方式进一步了解病因、病理、治疗方式及预后情况；对不能明确的风险必要时需要下发问题件让客户进行补充告知，以便于核保人员做出合理的核保决定。

心超异常及心动过缓核保案例

投保信息

年龄：31 岁	性别：女	职业：家庭主妇
投保途径：线上投保		投保时间：2019 年 3 月
投保险种：重大疾病保险		保额：80 万元

核保原因：甲状腺异常，累计重疾风险保额过高，转入人工核保评估。

核保思路

被保险人的异常健告内容：2017年甲状腺异常并服药。

被保险人提供的相关检查报告：2019年1月，心超异常示三尖瓣少量反流、左心室饱满。2019年3月，甲状腺超声异常示甲状腺偏小伴回声改变，甲功异常示TSH偏高。

被保险人健康风险点：心电图异常，心动过缓；心超异常，左室增大、三尖瓣少量反流、左心室饱满；甲状腺异常，T4偏低、FT3偏低、TSH偏高、甲状腺右侧叶囊性结节、甲减服药史；双乳腺轻度增生。

除此之外，被保险人的心超报告中有"EF＝58％，FS＝31％"的描述，EF(左心室射血分数)的正常范围为55％～75％，FS(左心室缩短分数)的正常范围为30％～45％，两者是反映心功能的指标。考虑被保险人的年龄仅31周岁，而该指标的情况虽未达正常最低值之下，但在与被保险人年龄段的人群中处于较低的水平，因此应一并纳入核保考量中。

风险解读

1. **左室增大**

左心室是心脏的"泵血中心"，将富含氧气的血液泵入主动脉，为全身各组织器官供养。因此左心室的心肌往往比右心室的心肌更厚、更发达。如果因为疾病因素，左心室必须加大做功才能满足身体需要，长此以往会引起左心室心肌异常增 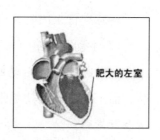厚，形成左心室肥大。左心室肥大本身并非一种疾病，但往往是心脏病的先兆。左心室肥大可以是一种心肌对有氧运动和力量训练的自然反应，也会是对心血管疾病和高血压的病理反应，不过更可以由增加心脏后负荷或心肌的疾病引起。临床常见于下列疾病：

(1)风湿性二尖瓣关闭不全

单纯的风湿性二尖瓣关闭不全较少见，临床上多合并有风湿性二尖瓣狭窄。听诊心尖部可闻及 2/6 级以上收缩期吹风样杂音，粗糙，第一心音可被掩盖。

(2)主动脉瓣关闭不全

主动脉瓣关闭不全的病因包括风湿性和梅毒性。前者发病年龄较轻，多在 10～40 岁，可有风湿热病史，心功能代偿期较长，多合并二尖瓣或主动脉瓣狭窄；后者发病年龄常为 34～50 岁，既往有性病史，常有心绞痛发作。

(3)主动脉瓣狭窄

男性多见，症状出现较晚，晚期以晕厥和心绞痛为突出的症状，晕厥可能导致突然死亡。

(4)高血压性心脏病

患者既往有长期的高血压病史，心界向左下扩大。主动脉瓣区第二音增强，可因相对性二尖瓣关闭不全而在心尖部听到收缩期杂音。

(5)冠状动脉粥样硬化性心脏病(冠心病)

表现为心绞痛、心肌梗死，也可表现为心律失常、心力衰竭，还可以无任何临床症状，抑或首次发病即猝死。

(6)动脉导管未闭

动脉导管未闭时，产生连续性杂音。杂音响亮。

(7)主动脉缩窄

主动脉缩窄为主动脉腔的缩窄，其临床特点为下肢血压显著低于上肢，而上肢血压尤其是收缩压显著高于正常血压。患者常有下肢疲劳、寒冷及麻木感。

(8)三尖瓣闭锁合并房间隔缺损

患者常有重度发绀、杵状指(趾)与蹲踞体位，缺氧性发作亦常见。

(9)结节性多动脉炎所致的心脏病变

表现为心绞痛或心肌梗死，类似冠心病。如病变累及肾脏，可引起高血压，从而加重心脏损害的程度。

左心室肥厚分原发性和继发性，原发性指肥厚性心肌病，药物治疗包括 B 受体阻滞剂和钙通道阻滞剂，化学消融治疗能取得较好效果。继发性主要继发于高血压、瓣膜疾病等，以治疗原发病为主。

左心室肥大改变了心脏的正常结构与功能，可引起心律失常(如房颤)、心肌缺血、心力衰竭，甚至是心脏骤停的情况。

评点要点：关注左心室肥大的程度，相关的心血管疾病病史，是否有高血压，心脏瓣膜是否有病变，心功能是否有异常等。

2．EF(左心室射血分数)、FS(左心室缩短分数)偏低

EF(左心室射血分数)为每个心动周期内左心室泵出的血量与左室舒张末容量的比值，正常范围是 55%～75%，是反映左心室收缩功能的可靠指标，EF 小于 50% 为左心室收缩功能减低的指标。

FS(左心室缩短分数)左心室的收缩主要来自短轴方向上的缩短，因此在短轴方向上测量缩短率，可以估测左心室的收缩功能。FS 等于左心室舒张末内径减收缩末内径，再除以左心室舒张末内径，正常范围为 30%～45%，在无节段性室壁运动异常的患者 FS 小于 25%，提示左心室收缩功能减低。

3．心动过缓

频率低于 60 次/分的窦性心律称为心动过缓。在健康成人，尤其是运动员和年轻人中可认为是正常的。服用 β 受体阻滞剂的人群常有心动过缓的情况。如果心率低于 50 次/分，则可能会有逸搏心律(房室结节律或者室性节律)或者有心脏冲动传导系统的阻滞(房室传导阻滞、窦房传导阻滞)。

引起心动过缓的最常见的原因是病理性窦性心动过缓、窦性停搏、窦房阻滞、房室传导阻滞。还可见于病态窦房结综合征、急性心肌梗死、甲状腺机能低下、颅内压增高或使用了有减慢心率作用的药物等，例如 B 受体阻滞剂和地高辛。

心动过缓可无临床表现。有症状表现的患者可诉疲劳、头晕或晕厥。有些患者平时的基础心率偏慢，在每分钟 50～60 次左右，甚至低于 50 次，平时有头晕、乏力、倦怠、精神差的症状。有些患者平时心率可表现

为正常，心动过缓可突然出现，下降到每分钟 40 次以下，可出现头晕、一过性眼黑、乏力、心悸、胸闷、气短，有时心前区有冲击感，严重者可发生晕厥。还有些患者以头晕、乏力、晕厥的症状就诊，检查时可发现心脏间断出现长时间的停搏。

如果没有症状，则无须治疗。药物治疗包括阿托品、麻黄素、肼苯达嗪或茶碱。如果症状严重，且有抗药性，可能需要植入心房起搏器。

评点要点：病因是否确定，有无胸闷、心悸的症状，有无其他疾病、就诊史，是否接受治疗或服药，除了心动过缓是否还有其他心电图的异常，心脏彩超的情况等。

4. 再保意见

结合被保险人同时存在左室增大、心动过缓、EF/FS 偏低的情况，依据经验分析，这样的情况通常发生在患有高血压，并且服用如 B 受体阻滞剂这类药物的人群身上。对于本单被保险人来说：高血压可能为其原发疾病，机体通过增加心肌厚度来提升收缩力，导致心脏肥厚，发生左室增大。由于服用了降压药，间接影响了心率，造成了检查报告中所示的心动过缓。

从这个角度来思考，被保险人的左室增大、心动过缓的情况是存在相关性的。在评点时，我们应按原发疾病来评点，而不是单独去评点某一个风险。

核保结论

考虑被保险人有心动过缓、左室增大、三尖瓣少量反流、左心室饱满；甲状腺异常(T4 偏低、FT3 偏低、TSH 偏高、甲状腺右侧叶囊性结节、甲减服药史)；双乳腺轻度增生的情况。结合险种责任，对于客户本次投保重大疾病保险予以拒保处理。

核保启示

医务核保中对心动过缓的评点要点：处理心动过缓的核保案例时需要关注要点包括心电图、心脏彩超是否有异常，被保险人的既往病史，是否有心脏病史、有无心脏病药物的服用史、有无心悸、胸闷或心慌等不适症状。若曾有相关的就诊史，投保时需提供完整的病史资料，依据病情、症状及检查结果综合考虑。

在对检查报告的审核过程中，尤其是影像学报告如心脏超声、腹部超声等，不仅要关注检查结论的部分，同时对于具体检查描述也要仔细查看。另外，在考虑某一个体的检查结果是否正常，不仅要与正常范围进行对比，还应考虑年龄的因素。如本单中的被保险人，虽然其心超的 EF、FS 指标未达到异常数值，但是考虑其年龄仍处于青壮年，与其年龄段的人群相比，被保险人的指标明显是属于较低，在最终评点时不应忽略这一情况。

对于心超提示存在左心室增大的案例，要重点关注左心室肥大的程度，相关的心血管疾病病史，是否有高血压，心脏瓣膜是否有病变，心功能是否有异常等。

对于同一系统中的多个独立风险点，核保人员在评点时要注意其相互之间是否存在内在联系。如本案例中的情况，表面上看是心动过缓、心超异常两个风险，但是根据医学知识和核保经验不难发现真正的原因，巧合的背后可能是一种"必然"。只有做到全盘考虑，综合评估，才能进一步提高核保质量，避免差错的发生。

健康风险已达到拒保评点时，不再对财务风险进一步评点，可直接拒保。

主动脉型心脏核保案例

投保信息

年龄：53 岁　　性别：男　　职业：退休职工　　年收入：1.5 万元

投保途径：线上投保　　　　投保时间：2019 年 11 月

投保险种：重大疾病保险　　保额：30 万元

健康告知：无烟酒史，无既往病史，无家族史，无高危险活动

核保原因：年龄和保额问题转线下人工核保。

核保思路

本案中被保险人为退休职工，年收入 1.5 万元，投保重疾保额 30 万元，参考承保管理办法及险种规则，保险计划欠合理，须调查财务情况。此外投保年龄和保额达标体检，因此核保人下发体检函和财务问卷：

财务问卷显示被保险人退休前为个体工商户，年收入 30 万元，目前生意由孩子接手，自己有 2 套房 1 辆车，有交费能力。体检异常结果如下：

检查项目	主要指标
物理体检	身高：173　体重：83kg　BMI：28
	血压：150/88mmHg
血常规	无异常
尿常规	无异常
表面抗原	阴性
胸透	主动脉型心脏，大血管弹开
心电图	左前分支传导阻滞，左心房负荷过重
	部分导联 ST-T 段改变，心脏顺钟向转位

在体检人员的询问下，被保险人补充告知吸烟近 30 年，每日约 10 支；饮高度酒，每日约 4 两，已 20 余年。

风险解读

1. **疾病概述**

主动脉型心脏是指后前位，呈靴形，心腰凹陷，心左缘下段向左扩展，主动脉球突出，常见于高血压病和主动脉瓣病变。

后前位，主动脉扩张或延长时，升主动脉和降主动脉向两侧分离，升

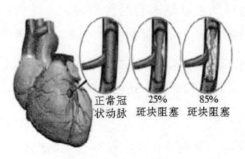

正常冠　25%　85%
状动脉　斑块阻塞　斑块阻塞

主动脉外缘可越过心右缘下段,升主动脉与右心房的分界点下移,心更倾向于横位,降主动脉位于肺动脉主干之外,向左肺叶膨出,主动脉球上移,可达到或超出锁骨水平。左前斜位,升主动脉向前弯曲,弓部向上突出,降主动脉向后弯曲移位,主动脉窗显示清楚,主动脉球在食管的压迹加深和上移。右前斜位,食管受降主动脉牵引而向背侧弯曲。

2. 风险分析

被保险人为男性,53周岁,现已退休;吸烟近30年,每日约10支;饮高度酒已20余年,每日约4两。体检结果:BMI28、血压150/88mmHg;胸透:主动脉型心脏,大血管弹开;心电图:左前分支传导阻滞、左心房负荷过重、部分导联ST-T段改变、心脏顺钟向转位。

综上所述,被保险人主动脉型心脏可能潜在的疾病风险。主动脉型心是放射科的一个诊断术语,主动脉型心的X线特征:左心室段延长,心尖下移、隆突并向左增大;主动脉球凸出区延伸,心腰较凹陷,心形态略呈靴状。其中最主要的特征为心腰凹陷,是由于左心室扩大,心呈左旋转所致。此种心形多见于主动脉瓣病变、高血压性心脏病、主动脉缩窄、心肌病等。哪么它会带来哪些改变呢?

形状改变:年龄大,血管弹力减低,血管壁损害亦使弹力减弱或消失,如动脉粥样硬化或梅毒性主动脉炎。在血管弹力减低时,主动脉内压力增高或左心输出量增加,动脉即可扩张和延长。初期为动力性,久之则形成固定的迂曲、延长。增高的动脉内压力均匀地作用于整个主动脉,使血管普遍扩张和延长,如高血压病。但在某些情况,其影响仅限于主动脉局部,如较长期的主动脉瓣关闭不全,可仅见升主动脉扩张。

密度改变：主动脉密度增高有两种原因，一是管腔扩张，血容量增加，二是管壁增厚或钙化，两个因素常同时存在。长期高血压，弹力纤维和肌纤维均可肥厚，钙化可发生于主动脉的任何部分，多见于弓部，常呈线形或镰刀状。左前斜位和侧位，钙化的范围更容易显示。

核保结论

被保险人为男性，53 周岁，现已退休；吸烟近 30 年，每日约 10 支；饮高度酒已 20 余年，每日约 4 两。被保险人财务状况不影响核保结论。体检结果：BMI28、血压 150/88mmHg；胸透：主动脉型心脏，大血管弹开；心电图：左前分支传导阻滞、左心房负荷过重、部分导联 ST-T 段改变、心脏顺钟向转位。考虑客户心脏病风险较大，结合投保险种，予延期处理。

核保启示

主动脉型心是用于描述形态，就是心影呈靴形，最常见的原因就是高血压，是因为心脏后负荷增高导致左室增大，心尖向左下移位。主动脉迂曲是老年性改变(主动脉硬化)。主要是控制血压、血脂。根据客户目前的情况，血压轻度偏高，吸烟饮酒史，心电图结果异常。客户的血压随轻度异常，但客户是否存在服用降压药后体检，核保不从得知。故对于客户难易掌握的风险、且无法确定的诊断，建议客户至医院专科检查明确诊断后再行投保。

第十三章　血液和淋巴系统疾病

常见的血液系统疾病包括凝血缺陷、贫血、骨髓增生性疾病等。淋巴系统的疾病分两大类：淋巴结或淋巴系统本身病变和其他疾病累及相应区域淋巴结所致。常见的有：急、慢性淋巴结炎、淋巴结结核、淋巴瘤、恶性肿瘤转移等。在本章节中，选取了核保时较为常见的血小板减少、血管瘤及静脉血栓形成、血常规异常的典型案例进行探讨。

血小板为巨大骨髓细胞即巨核细胞的碎片，具有凝血作用。血小板减少分为原发性血小板减少症和继发性血小板减少症。原发性血小板减少症是一种免疫系统疾病，它是由于免疫因素导致血小板的免疫性破坏，临床表现为外周血中血小板减少的出血性疾病。原发性血小板减少症又分为急性型和慢性型，急性型常发生于儿童，在发病前 1～2 周有上呼吸道感染病史，以病毒感染为多见。而慢性型多见于中青年女性，发病前没有诱发因素，常为皮肤黏膜的出血，很少有内脏的出血。继发性血小板减少症，常继发于感染或使用某些使血小板减少的药物之后。在本章节中选取了一个典型的血小板减少的核保案例进行分析。

血管瘤是来源于血管内皮细胞的肿瘤性疾病，多表现为皮肤或皮下隆起。在人群中的发病率约为千分之三到百分之一。婴幼儿及 30～50 岁成年人为其两个发病高峰年龄。静脉血栓症分为两类，一是血栓性静脉炎，是指炎症为首发而血栓形成是继发的。另一类是静脉血栓形成，是指血栓形成为首发现象，静脉壁的炎症过程是继发的。血流缓慢、凝血亢进和静脉内膜变化是静脉血栓症的 3 个重要因素，中老年人是静脉血栓的高发人群。在本章节中选取了一个典型的血管瘤及静脉血栓形成的核保案例进行分析。

在血常规异常的核保件中，血红蛋白低于正常值是最为常见的情况之一。根据我国的诊断标准，当成年男性 Hb＜120g/L，成年女性（非妊娠）Hb＜110g/L 即被诊断为贫血。据世界卫生组织（WHO）资料显示，全世界贫血人数已超 20 亿，而我国 6 岁及以上居民贫血率为 9.7%，其中 6～11 岁儿童和孕妇贫血率分别为 5.0% 和 17.2%，情势不容乐观。在本章节中选取了两个典型的血常规异常的核保案例进行分析。

血管瘤及静脉血栓形成核保案例

投保信息

年龄：31 岁　　性别：女　　职业：外务员　　年收入：10 万元

投保途径：线上投保　　投保时间：2019 年 6 月

投保险种：重大疾病保险　　保额：12 万元

核保原因：告知有疾病住院史，不符合健康告知要求，转入人工核保。

核保思路

互联网平台因健康告知异常送人工核保件，通常没有具体疾病信息，因此疾病资料的收集要求很难具体，但为避免客户提供资料不能满足审核要求，可以要求客户详细说明疾病诊断、治疗情况和目前恢复情况，并提供完整门诊、住院病历和检查报告，包括近半年内的复查或常规体检报告。

对于提供资料仍有异常，且最后的异常检查时间超过半年以上的情况，可以考虑再次下发资料收集函。尽可能为客户还原投保时健康状况，出具合理的承保结论。

被保险人健康资料收集如下：

2017 年 8 月 17 日至 2017 年 8 月 29 日住院 12 天，主诉：4 天前发现左前臂有一大小约 40mm×10mm 肿块，自觉疼痛，入院前一天门诊彩超检查提示左侧肘部所见声像图改变，考虑假性动脉瘤并瘤体内血栓形成、左侧头静脉局部节段血栓形成，当时未住院，后肿块增大，遂要求进一步治疗，门诊以"假性动脉瘤"收住介入科治疗。

8月17日入院后行左上肢动脉、静脉造影提示：左上肢前臂桡静脉血管瘤，给予局部加压包扎后瘤体缩小。造影后的8月20日第一次复查左上肢彩超提示：左侧肘部混合回声包块（41mm×12mm）、左侧肘部混合回声包块临近静脉血管受压，血栓形成。

出院前的左上肢彩超检查提示：左侧肘部不均质回声包块（7mm较术后第一次彩超检查缩小，考虑上肢静脉血栓形成并机化）。出院时肿块缩小，院外口服脉管康复胶囊，避免刺激瘤体，出院诊断：左上肢静脉血管瘤和左上肢静脉血栓形成。医嘱建议：一个月后复查左上肢血管彩超。

出院后一个月复查彩超：左前臂头静脉内低回声（考虑血栓形成，16mm×5mm较出院前有增大）。因出院后一月复查彩超仍提示有血栓形成，院外服药治疗后现情况未知，因此核保要求客户补充提供近期左上肢彩超：左上肢头静脉官腔内血栓形成。

风险解读

1. *血管瘤*

血管瘤的定义：传统意义上的血管瘤（hemangioma）分为血管瘤（vascular tumors）和血管畸形（vascular malformations）两类。血管内皮具有增殖和消退行为的归为血管瘤，不具增殖倾向的血管内皮及衬里组成的血管病变归为血管畸形。这种分类使那些可以消退的病变与终生伴随的病变在生命的早期就能区分开来。

血管瘤的危害：血管瘤的类型虽然有很多且病因未知，但是不管是哪种类型的血管瘤，都会给患者的健康带来伤害，严重者可威胁生命。

血管瘤的治疗：大部分血管瘤会自行消退，无须治疗。治疗的目的是预防和处理出血或血小板减少等各种并发症。常用治疗手段有：手术、硬化、栓塞、激光以及综合使用。动静脉畸形的病变常呈弥散状生长，一般不能手术彻底切除。硬化治疗是指将硬化剂注入病变血管内，造成局部血管内皮损伤，进而发生血栓、内皮剥脱和胶原纤维皱缩，使血管闭塞最终转化为硬化纤维条索。硬化治疗效果相当于外科切除术，目前已成为治疗静脉畸形的首选方法。

再保评估建议：血管瘤是良性肿瘤。这里的血管瘤又称皮肤血管瘤，它或发生于新形成的血管（如淋巴管瘤、血管瘤），或是因血管畸形所致（如海绵状血管瘤、血管扩张）。若有瘤体增大，膨胀生长或形成溃疡，疼痛、瘙痒、出血等症状，即视为病情较为复杂，建议予以延期。

2. 静脉血栓形成

静脉血栓有两种：一是血栓性静脉炎，它是指炎症为首发而血栓形成是继发的；另一个是静脉血栓形成，它是指血栓形成为首发现象，静脉壁的炎症过程是继发的，以下肢深静脉血栓形成最常见。深静脉血栓可分为：远端：限小腿深静脉。近端（腘静脉、股浅静脉、髂静脉）：累及膝盖以上静脉，表明更严重的静脉血栓栓塞。上肢罕见，但可继发于创伤（如在留置导管周围）。

静脉血栓形成原因：最常见的原因是下肢长期不活动，通常发生在骨科大手术（如髋关节置换、膝部手术）后。"Virchow 三联征"是指静脉血栓栓塞和深静脉血栓的易患因素的综合。三联征是：

血液高凝状态：遗传性或获得性因素所致，如使用某些药物；

静脉淤滞：破坏静脉循环的任何因素所致（如外周静脉瓣乏力、肥胖）；

血管壁损伤：动脉粥样硬化或创伤所致（如置留导管或手术后）。深静脉血栓的其他原因有：恶性肿瘤：某些肿瘤或肿瘤治疗药物可导致高凝状态：心肌梗死及卒中。

静脉血栓的危害：静脉血栓栓塞若不治疗，病程常如下：远端深静脉血栓，近端深静脉血栓，肺栓塞。肺栓塞可能是并发症，可能是最先出现的症状。

静脉血栓的治疗：休息、抗凝药物(肝素、华法林、血小板抑制药)；使用溶栓药(如链激酶)预防深静脉血栓进展为肺栓塞；偶尔行静脉血栓切除术或肺动脉栓子摘除术取出血栓；治疗静脉血栓栓塞的风险因素(如减肥)；控制其他心血管风险因素。

再保评点建议：根据最后一次发作时间及血栓形成部位，寿险、重疾参照再保加费评点，医疗险延期或做除外评点。

核保结论

针对本案，出院记录中诊疗经过总结提示 2017 年 8 月 17 日血管造影后给予关节膨出处加压包扎后瘤体缩小，复查左上肢彩超，左侧肘部不均质回声包块(考虑上肢静脉血栓形成并机化)。客户住院期间无其他手术治疗，造影记录中未详细描述是否对瘤体进行术中治疗，病历医嘱也未提供，但从后期复查的彩超结果来看，瘤体已消失形成血栓并机化，推断可能造影术中硬化剂注入病变血管内，造成局部血管内皮损伤，进而发生血栓、内皮剥脱和胶原纤维皱缩，使血管闭塞最终转化为硬化纤维条索。

结合客户提供出院后多次左上肢彩超检查结果，包括最近术后一年(投保后)的彩超检查结果提示仍有静脉血栓形成，且血栓形成为近心端，有一定发生肺栓塞的可能性，最终本案按照现症深静脉血栓评点重疾给予延期的核保结论。

核保启示

本案客户静脉血栓形成由血管瘤引起，良性血管瘤在我们日常生活中比较常见，只要早发现早治疗，治疗起来更容易，恢复起来也比较快。治疗取决于多个因素，如患者年龄、情感需求、病灶部位、症状等。治疗的目的也不在于根治，而是预防和处理出血或血小板减少等各种并发症，对于术后造成血栓形成的，需要结合血栓形成的部位，手术治疗和预防性药物治疗的具体情况，是否有复发，是否存在深静脉血栓形成后综合征等进行综合评点。对于血栓形成治疗控制不良的，一般延期观察；对于已治愈的且无并发症的，根据最后一次发作时间及血栓形成部位，寿险、重疾参照再保加费评点，医疗险延期或做除外评点。

血常规异常核保案例

投保信息

年龄：50 岁　　性别：女　　职业：工人　　年收入：5 万元

投保途径：线上投保　　　　投保时间：2019 年 10 月

投保险种：重大疾病保险　　保额：12 万元

核保原因：告知既往有过贫血史，因此转入人工核保评估。

核保思路

客户因既往存在贫血史，不符合健康告知，因此转入人工核保流程。这类任务需要核保人在核保资料收集时，引导客户告知疾病发现的原因：常规体检还是有相应疾病症状，同时要求客户提供完整的对应的疾病病史资料或体检报告。

客户按公司要求提供了近期的体检报告：体检项目：普通体检、静止心电图、尿检、血常规、乙肝表面抗原（HBsAg）、丙氨酸氨基转移酶（ALT）、门冬氨酸氨基转移酶（AST）、碱性磷酸酶（ALP）、谷氨酰转移酶（r-GT）、空腹血糖（GLU）。体检结果：

普通检查：BMI22.95，BP111/73，其他未见异常

血常规：白细胞 2.73×10^9/L↓（3.7～9.2）

中性粒细胞数：1.33×10^9/L↓（2.00～7.00）

中性粒细胞比率：48.7%↓（50%～70%）

淋巴细胞比率：42.5%↑（20%～40%）

单核细胞比率：8.10%↑（3%～8%）

血红蛋白：73.0g/L↓（110～150）

红细胞压积：24.60↓（36～50）

其余检查结果未见明显异常。

从体检结果及客户告知的情况来看，我们了解到客户是一名 50 岁的女性，告知有贫血，但没有既往疾病或用药等病史信息告知，仅提供近期

体检报告提示血常规：白细胞数目、中性粒细胞数目、血红蛋白明显较正常值偏低，其他体检项目基本正常，所以该案的主要风险点就是血常规异常，因此需要从以下几点逐个去分析：

1. 白细胞偏低的原因有哪些？
2. 血红蛋白偏低的原因有哪些？
3. 白细胞及血红蛋白减少常见症状及危害？
4. 再保又是如何评估这些异常风险的？

风险解读

1. 血常规(白细胞)相关信息介绍

白细胞有多种，每一种白细胞都有其特有的功能，中性粒细胞或白细胞见于细菌感染；淋巴细胞见于病毒感染和细菌感染；嗜酸性粒细胞见于寄生虫感染和过敏性疾病；嗜碱性粒细胞，见于过敏性疾病；单核细胞，见于细菌感染。未成熟的白细胞、原始细胞、骨髓细胞和晚幼粒细胞通常不出现于外周血液中。

白细胞计数降低，特别是淋巴细胞计数降低，常见于病毒感染；白细胞计数升高且没有或仅见少量未成熟细胞，提示体内存在感染或炎症；若白细胞升高的同时见大量未成熟细胞则可能是白血病的迹象。

白细胞减少症、粒细胞减少症、粒细胞缺乏症：健康成人血液中白细胞计数一般在 $4\sim10\times10^9$/L；健康成人中性粒细胞绝对值(等于白细胞总数×中性粒细胞％)为 $2.0\sim7.5\times10^9$/L。若血液中白细胞计数持续(多次检查)低于 4×10^9/L 而中性粒细胞百分数正常或稍低时，称为白细胞减少症；中性粒细胞绝对值低于 1.5×10^9/L 称为粒细胞减少症；只有白细胞

数低于 2×10^9/L 而中性粒细胞极度缺乏或完全消失才称为粒细胞缺乏症，这时中性粒细胞绝对值多已降至 0.5×10^9/L 以下。

白细胞减少/粒细胞减少的原因：药物，如抗肿瘤药物、免疫抑制剂、服用解热镇痛药及磺胺类药等；病毒感染，如流行性感冒、病毒性感染等；由再生障碍性贫血、粒细胞减少症、部分白血病、恶性组织细胞病等血液系统疾病导致。

临床症状：白细胞减少常继发于多种全身性疾病，临床表现以原发病为主，本身无明显的临床症状，或者有头昏、乏力、低热、咽喉炎等非特异性表现，此时说明机体的免疫系统受到了损害。粒细胞缺乏与一般的白细胞减少表现完全不同，起病热、出汗、周身不适。几乎都在 2~3 天内发生严重感染。感染容易迅速播散，病情相对较重。

预后：如果不加以治疗的话，血常规白细胞减少可以导致死亡。在发病原因已知，并且病因已经被清除或者治愈的情况下，预后死亡率和发病率是非常乐观的。

该客户血常规：白细胞 2.73，中性粒细胞 1.33，按再保的分级标准，达到诊断白细胞减少症或粒细胞减少症的标准，客户没有不适症状的主诉，且体检没有发现白细胞减少对应的症状表现，参考再保白细胞的相应评点，可以考虑按病因未明确，症状不严重且未治疗的情况评估，单独白细胞的评点建议 EM+50。

2. 血常规血红蛋白相关信息介绍

血红蛋白又称血色素，是红细胞的主要组成部分，能与氧结合，运输氧和二氧化碳。血红蛋白增高、降低的临床意义基本和红细胞计数的临床意义相似，但血红蛋白能更好地反映贫血的程度。血红蛋白的正常范围：男性 120~160g/L；女性 110~150g/L；新生儿 170~200g/L。

贫血的分类：基于不同的临床特点，贫血有不同的分类。如按贫血进展速度分急、慢性贫血；按红细胞形态分大细胞性贫血、正常细胞性贫血和小细胞低色素性贫血；按血红蛋白浓度分轻度(110/120~90g/L)、中度(90~60g/L)、重度(60~30g/L)和极重度贫血(<30g/L)；按骨髓红系增

生情况分增生性贫血(如溶血性贫血、缺铁性贫血、巨幼细胞贫血等)和增生低下性贫血(如再生障碍性贫血)。

血红蛋白偏低的原因：缺铁性贫血；荷尔蒙失调也会导致血红蛋白水平降低。有时甲状腺机能降低会引起身体新陈代谢率下降，患者会感觉疲劳和昏昏欲睡，这也是一个重要因素；脾脏疾病或恶性贫血有可能造成过多红血细胞遭到破坏，导致血红蛋白水平下降；长期感染导致的肾功能衰竭，癌症，克罗恩病等慢性疾病也会引起血红蛋白数量下降，其他类似原因还有肠道感染和自身免疫性疾病(如系统性红斑狼疮)等。此外，还有一些药物有可能对红血细胞产生副作用，如化疗药物或放射治疗等。

血红蛋白偏低的症状表现：缺铁性贫血，常见有头晕耳鸣、乏力困倦、注意力不集中、面色苍白、心悸气短等，血红蛋白下降严重的患者可会出现昏迷甚至休克。

贫血的治疗及预后情况：绝经前女性，只要贫血不超过轻度，且是长期而稳定的，常可不按贫血等级考虑，因为月经是一种很常见的潜在贫血原因。任何年龄的男性和绝经后女性的贫血都必须行全面检查，排除恶性疾病。

该客户血常规：血红蛋白73g/L，已达到重度贫血标准。50岁女性，月经史信息不详，从年龄上，客户处于围绝经期可能，参照再保手册，重度贫血，如按绝经前女性，需延期至医院专科诊治后。如按绝经后女性，则直接拒保。

核保结论

该案50岁女性客户的体检结果，血常规白细胞减少单独评点，可以考虑EM+50，但该客户同时合并重度贫血，原因不明，且客户年龄处于围绝经期，在月经史信息不详的情况下，从支持业务的角度，可参考再保的绝经前女性客户的评估建议处理，建议客户至医院专科明确诊断并充分治疗后再投保。

核保启示

对于告知体检发现或投保时达标体检首次发现的体检结果异常，客户没有不适症状的主诉和其他疾病信息告知的情况下，我们需综合考虑客户体检结果相关项目间的关联，同时引导客户主动告知异常结果相关的症状表现，然后通过循证分析可能造成异常结果的原因？同时需要清楚异常结果的严重程度及分级标准。（在常规化验中也可能会出现中性粒细胞计数水平刚刚低于临界数值，而这种低计数在核保时可以忽略的。）

本案中，客户的白细胞数目及血红蛋白均明显低于正常水平，根据本次的结果，我们可以肯定客户目前身体状况存在异常，不排除客户存在未如实告知既往病史，或者近期有药物服用等影响检查结果的可能性。因此，我们一般需要延期观察一段时间，当有新的资料可供参考时，再根据具体情况重新评估。

另外，对于投保时无疾病史、异常症状/体征的健康告知，但是体检结果有异常的案例，核保员除了关注健康风险，同时需要考虑的一点是体检结果的真实性和准确性。针对本单，我们可以看到血常规检查中多项指标存在比正常值偏低的结果，然而血小板单项是在正常范围内的，如果是体检的误差，如因血常规标本污染造成了检查结果不正确的情况，应是所有项目都存在偏高或是偏低的情况。因此本单可以排除检查误差，确认是被保险人健康因素造成的。

血小板减少核保案例

投保信息

年龄：43 岁　　性别：男　　职业：超市负责人　　年收入：50 万元

投保途径：线上投保　　　　投保时间：2019 年 12 月

险种：重大疾病保险　　　　保额：50 万元

核保原因：2019 年 3 月健康体检时发现轻微腰椎间盘突出，右肾约0.4cm 大小的结石，且重大疾病保额较高，转入人工核保评估。

核保思路

因被保险人重疾保额较高，按公司核保规则，需要求体检，项目包括：普通体检、静息心电图、尿检、血常规、乙肝表面抗原、ALT、AST、ALP、r-GT、GLU、HDL、CHO、TG、BUN、CR、UA、TBIL、DBIL、TP、A/G、胸透(胸片)、腹部 B 超(肝胆胰脾肾)、泌尿系统 B 超、ALB、LDL、CEA、AFP、乙肝两对半、HCV、HIV。

客户告知当年 3 月存在过体检，且体检结果异常。因 3 月的体检结果有异常，拒投保时间已超过 6 个月，且本次为达标体检，因此要求客户务必配合完成本次的体检，同时也需要客户提供 3 月体检报告与本次的体检结果做趋势比较，对于既往疾病情况需要进行就医行为和治疗情况的问询。

健康资料收集：血常规检查发现血小板 $85 \times 10^9/L$，其余检查项目无异常。既往病史资料和体检报告未提供。

风险解读

1. 血常规(血小板)相关信息介绍

正常人每立方毫米血液中大约含有 10 万～30 万个血小板，血小板的寿命平均为 8～12 天，血小板的主要功能是凝血、止血、修补破损的血管、血小板还有保护血管内皮、参与内皮修复、防止动脉粥样硬化的作用。由于多种原因导致血小板计数结果低于 $(100-300) \times 10^9/L$ 参考值下限，就是血小板减少。也就是血液中的血小板数低于 10 万$/\mu L$($100 \times 10^9/L$)为血小板减少，低于 5 万$/\mu L$($50 \times 10^9/L$)则有出血危险。

2. 血小板减少的原因

血小板生成减少或无效死亡：包括遗传性和获得性两种；

血小板破坏过多：包括先天性和获得性两种；

血小板在脾内滞留过多：最常见于脾功能亢进。

3. 血小板减少症状

药物性免疫性血小板减少症：有畏寒、发热、头痛、恶心、呕吐等；

其他免疫性血小板减少症：表现全身皮肤紫癜，鼻衄或女性月经过多，疲乏无力，面色苍白，尿色加深。偶尔还可见肾脏受损征象如高血压、血尿、氮质血症等；

出、凝血性疾病：各种原因引起的再生障碍性贫血，都有骨髓巨核细胞减少，血小板的生成减少等特点；

骨髓病性疾病如癌症浸润时血小板减少，前者骨髓增生低下，巨核细胞减少；后者可查到肿瘤细胞。

4. 血小板减少的危害及预后

可引起黏膜出血；

手术后大出血；

多发性瘀斑、紫癜最常出现于腿部；

引起胃肠道大量出血和中枢神经内出血可危及生命。

预后取决于血小板减少的严重程度、是急性还是慢性、任何出血的部位及对治疗的反应。

核保结论

客户体检结果主要问题血小板降低，首先了解血小板的功能、血小板减少的原因，血小板减少引起的疾病，结合已有资料进行评估。

被保险人体检结果显示血小板 $85 \times 10^9/L$ 降低，原因不明，且客户无法提供既往的体检报告及服药情况，考虑疾病风险不明，建议整单延期承保。

核保启示

核保需要审查被保险人的病历资料和体检信息，目前血小板计数、血小板计数稳定的证明。对于单纯性血小板计数降低，初次体检血小板计数轻微偏低的（$8 \sim 10 \times 10^9/L$），核保可考虑予以复查，若复查正常可考虑标体通过。但若血小板计数出现明显偏低（低于 $8 \times 10^9/L$ 以下），可考虑直接予以延期处理。

寿险及重疾险，病因明确者，可按病因核保；自治疗完成之日起小于 6 个月，需延期承保；大于 6 个月，根据血小板计数及病因进行核保。

特发性血小板减少性紫癜核保案例

投保信息

年龄：2 周岁(投保时)　　　性别：男　　　职业：学龄前儿童

投保途径：线上投保　　　投保时间：2015 年 1 月

险种：重大疾病保险 6 万元，终身寿险 4 万元

健康告知：投保时健康告知无异常

核保原因：2020 年 3 月客户补充告知，2013 年 3 月特发性血小板减少性紫癜住院史，因此发起二次核保。

核保思路

被保险人补充告知的住院史距今已过去 7 年，核保人员应该搜集完整的病历资料，全面了解被保险人疾病和治疗的情况。由于住院史发生在投保前，需结合产品健康告知和被保险人提供的资料，判断若在投保时如实告知，是否对核保结论和承保条件有影响。

此外，还需要了解被保险人目前的身体状况，是否经过治疗后已痊愈，视情况可请被保险人提供相关的检查报告。

核保资料

1. 2013 年 3 月的出院记录

被保险人 7 个月时，因发现"皮肤瘀斑 3 天"入院，入院日期 2013-03-25 至 2013-04-03，住院 9 天。入院时精神稍差，头面部及大腿内侧可见散在出血点及瘀斑，压之不退色，口唇稍苍白，咽稍充血，其他基础检查无异常。入院诊断：特发性血小板减少性紫癜，缺铁性贫血。

2. 2013 年 3 月住院的诊疗经过、出院诊断、出院医嘱

经过检查及治疗后，复查血常规，血小板升至正常，白细胞结果高，考虑与应用激素有关。患儿已住院 9 天，反应可，体温可，查体无明显异常，准予出院并继续口服药物治疗，嘱 1 周后复查，不适随诊。

3. 血常规检查

2013-03-25，门诊，初查血小板 11×10^9/L(参考值 $100 \sim 300 \times 10^9$/L)，血小板容积 0.009％(参考值 0.1％～0.28％)，白细胞 12.47×10^9/L(参考值 $4 \sim 10 \times 10^9$/L)，血红蛋白 96g/L(参考值 110～160g/L)。

2013-03-29，住院期间，复查血小板 353×10^9/L(参考值 $100 \sim 300 \times 10^9$/L)，血小板容积 0.009％(参考值 0.1％～0.28％)，白细胞 16×10^9/L(参考值 $4 \sim 10 \times 10^9$/L)，血红蛋白 86g/L(参考值 110～160g/L)。

2013-04-02，出院前一日，复查血小板 577×10^9/L(参考值 $100 \sim 300 \times 10^9$/L)，血小板容积 0.406％(参考值 0.1％～0.28％)，白细胞 19.1×10^9/L(参考值 $4 \sim 10 \times 10^9$/L)，血红蛋白 100g/L(参考值 110～160g/L)。

综上可见，经过治疗，被保险人的血小板已大幅提高，但仍有轻度贫血的情况尚未改善。

4. 核保下发函件，请被保险人提供近期的血常规检查报告

被保险人提供了 2020 年 3 月 11 日的血常规检查报告，结果显示被保险人血小板各项相关值及血红蛋白、白细胞均在正常范围内。

风险解读

1. 疾病概述

特发性血小板减少性紫癜(ITP)免疫性血小板减少性紫癜，又称自身免疫性血小板减少性紫癜，是一种原因不明的获得性出血性疾病，以血小板减少、骨髓巨核细胞正常或增多，以及缺乏明确病因为特征。ITP 在育龄期女性发病率高于男性，其他年龄阶段男女比例无差别。

ITP 根据持续时间可分为新诊断、持续性(持续时间在 3～12 个月)及慢性(持续时间大于或等于 12 个月)。成人典型病例一般隐匿起病，病前无明显的病毒感染或其他疾病史，病程多为慢性过程。儿童 ITP 一般为自限性，约 80％的患儿在 6 个月内自发缓解。

2. 临床表现

一般起病隐袭，表现为散在的皮肤出血点及其他较轻的出血症状，紫癜及瘀斑可出现在任何部位的皮肤或黏膜，但常见于下肢及上肢远端。

ITP 患者的出血表现在一定程度上与血小板计数有关：

血小板数 20～50×10/L 之间，轻度外伤即可引起出血，如瘀斑、瘀点等；

血小板数小于 20×10/L，有严重出血的危险；

血小板数小于 10×10/L，可能出现颅内出血。

查体通常无脾大，少数患者可有轻度脾大，可能由于病毒感染所致。儿童急性 ITP 在发病前 1～3 周可有呼吸道感染史，少数发生在预防接种后。起病急，少数表现为暴发性起病，可有轻度发热、畏寒，突然发生广泛而严重的皮肤黏膜紫癜，甚至大片瘀斑。皮肤瘀点多为全身性，以下肢为多，分布均匀。

3．治疗

ITP 的初始治疗：糖皮质激素，重度患者可使用大剂量丙种球蛋白。

ITP 的二线治疗：可供选择的二线治疗药物包括硫唑嘌呤、环孢素 A、达那唑、长春生物碱等，或行脾切除术。

4．预后

儿童 ITP 属良性疾病，儿童期预后良好；成人患者大多数预后良好，但血小板水平极低可带来不良预后。少数重度血小板减少患者可并发颅内出血而死亡，死亡率不到 1％。

成人 ITP 自发缓解者很少，约 1/3 的患者对激素及脾切除无效，这些患者常常迁延不愈，约 5％的患者可死于颅内出血。

5．再保评点

查询通用再及幕再评点，两者对于评点有共同之处，也各有侧重。共同之处在于，血小板值高低是评点不可少的要素。不同之处在于，通用再倾向于结合诊断时间长短评点，幕再倾向于是急性还是慢性发病以及痊愈时间结合血小板值进行评点。

核保结论

针对本案，被保险人为儿童，提供的住院病历资料较全，且检查除血常规外无其他异常指标，已排除其他严重疾病原因，住院治疗情况良好，发病时间距今已 7 年，提供的近期复查的血常规资料也无异常，本次提供的健康告知书也未告知其他异常，参照再保评点，保全二核，寿险、重疾予以标体承保。

核保启示

针对特发性血小板减少性紫癜，儿童期预后良好，成人患者大多数预后良好。首先要通过病历资料了解发病的原因，排除其他严重疾病。了解慢性型还是急性型，治疗方法和疗效，以及定期随诊的情况，特别是血常规检查(血小板计数)的情况，结合再保做出正确核保结论。

后　记

近年来各家保险公司借助互联网发展的东风，拓展了更加多元的销售模式，或联合头部互联网平台，或打造自主在线销售通道，通过积极试水互联网保险，推出了众多互联网保险产品，这些产品涵盖意外、健康、养老等各个领域，层次丰富、种类多样。消费者通过互联网渠道获取产品非常方便，保险公司根据消费者的反馈也更易推动保险产品的更新迭代以快速适应消费者的需求，形成了较为良性的保险生态。

同时我们也看到，因为销售模式的转变，保险公司面对的消费群体、消费习惯、风险特点等也随之转变。比如从承保端来讲，互联网保险产品的风险选择前置，需要保险公司更加关注这些产品承保规则和流程的设计，在销量与风险之间做更加精准的平衡，既要避免因规则宽松或者流程简易导致逆选择风险的增加，又要避免因规则严苛及流程烦琐带来的客户体验的下降；而理赔端则需要结合承保场景等去对案件进行综合的风险评估，并将发现的规则与流程问题反馈承保于产品前端，以便前端对于规则流程和产品条款进一步完善和优化。

这也要求两核需要更早地介入业务流程、更早地提供专业支持、更早地控制风险来实现两核管理在互联网业务经营中的真正价值。所以如何不断提升两核团队专业水平以适应和促进互联网保险快速发展的趋势，是保险公司必须面对的课题。

国华人寿在互联网保险领域耕耘多年，发现案例分析对提升两核人员专业能力提升具有独特的价值。于是我们的两核团队就一直坚持着深入研究案例的传统，今天将一些典型案例汇编成《寿险核保核赔案例解析——互联网篇》一书，奉献给广大两核从业人员，希望能对诸位的工作有所裨益，也希望我们的两核同人能够站在更高的视角，进行更深层次的思考，共同提升专业水平，创造新的价值。

国华人寿保险股份有限公司　总精算师
二零二零年　夏